◎ 中国金融投资管理智库丛书

不对称国际经济体系下
人民币均衡汇率研究

徐家杰 徐会珍 黄佳影 著

THE RMB EQUILIBRIUM EXCHANGE RATE ON
THE CONDITION OF ASYMMETRY IN INTERNATIONAL ECONOMIC SYSTEM

在新开放经济宏观经济学框架内

把握世界经济总体格局，揭示汇率决定深

新视角 新观点

浙江工商大学出版社
ZHEJIANG GONGSHANG UNIVERSITY PRESS

图书在版编目(CIP)数据

不对称国际经济体系下人民币均衡汇率研究 / 徐家杰,徐会珍,黄佳影著. —杭州:浙江工商大学出版社，2018.10

ISBN 978-7-5178-2918-8

Ⅰ. ①不… Ⅱ. ①徐… ②徐… ③黄… Ⅲ. ①人民币汇率—研究 Ⅳ. ①F832.63

中国版本图书馆 CIP 数据核字(2018)第196091号

不对称国际经济体系下人民币均衡汇率研究

徐家杰　徐会珍　黄佳影　著

责任编辑　唐慧慧　谭娟娟
封面设计　林朦朦
责任印制　包建辉
出版发行　浙江工商大学出版社
(杭州市教工路198号　邮政编码310012)
(E-mail:zjgsupress@163. com)
(网址:http: / /www. zjgsupress. com)
电话:0571-89995993,89991806(传真)
排　　版　杭州朝曦图文设计有限公司
印　　刷　杭州五象印务有限公司
开　　本　710mm×1000mm　1/16
印　　张　8.25
字　　数　122千字
版 印 次　2018年10月第1版　2018年10月第1次印刷
书　　号　ISBN 978-7-5178-2918-8
定　　价　39.00元

本书的出版得到以下项目的资助：

· 浙江省自然科学基金项目(LY13G030016)

· 教育部规划基金项目(13YJA790128)

前 言

如何找到开放经济体的均衡汇率水平是汇率理论研究的一项核心任务,它长期以来吸引着理论界孜孜不倦地探求。而在中国经济迅速崛起、与他国关于汇率问题的争论旷日持久的今天,对于人民币均衡汇率的准确测算则显得更有理论和政策指导意义。

本书在新开放经济宏观经济学(New Open Economy Macroeconomics, NOEM)的框架下,引入国际经济体系不对称条件,建立一个跨期动态均衡汇率模型。

本书首先以中美两国为例分析了国际经济体系不对称性的一些特征事实,包括经济增长模式不对称、定价货币不对称以及市场势力不对称。具体而言,通过对比中美两国供需结构和经常账户顺、逆差情况说明中美两国存在经济增长模式不对称性特征事实;通过对比中美两国跨境贸易中结算货币的使用、中美两国货币地位差异说明中美两国存在定价货币不对称性特征事实;同时详细分析了两国厂商定价策略不对称的特征事实。

基于上述特征事实,本书建立了不对称国际经济体系条件下的人民币均衡汇率理论模型。该理论模型由三个假设条件逐步放松的子模型构成,其中第一个模型考虑经济增长模式不对称,第二个模型在第一个模型的基础上引入定价货币不对称,第三个模型则在第二个模型的基础上引入市场势力不对称。本书进一步针对理论模型分析了影响均衡汇率的因素及其机制。

在上述理论分析的基础上，本书采用协整检验和误差修正模型，检验影响实际汇率的长期和短期影响因素，并通过H-P滤波法剥离变量的周期性影响因素，定量地检验1985—2016年间人民币对美元实际汇率偏离均衡水平的程度，并分析不同时期的失调原因。本书的主要结论如下：

人民币对美元的名义汇率的提高会使得实际汇率上升，而中国消费本国贸易品的提高、中美消费非贸易品之比会使得实际汇率下降。1985—2016年人民币交替呈现出高估与短暂的低估的现象，不同的年份人民币实际汇率偏离均衡水平的程度不同，但人民币长期实际汇率失调程度不高，基本在15%以内，除了1989年出现明显的高估，1994年出现明显的低估。出现人民币高估的年份分别为1988—1990年、1995—2004年、2007—2015年；出现人民币低估的年份分别为1986—1987年、1991—1994年（1993年除外）、2005—2006年。且误差修正模型中误差修正系数为负值，这表明当短期波动偏离长期均衡时，将会向相反方向调整，使汇率回复到均衡状态。总体来说，1985—2016年期间，人民币汇率失调程度趋于平稳，在一定的失调区间内调整。

关键词：新开放经济宏观经济学；不对称国际经济体系；均衡实际汇率；汇率失调

目录
Content

第一章
引 言

第一节 研究背景及研究意义

一、研究背景

如何找到开放经济体的均衡汇率水平是汇率理论研究的一项核心任务,它长期以来吸引着理论界孜孜不倦地探求。而在中国经济迅速崛起、与他国关于汇率问题的争论旷日持久的今天,对于人民币均衡汇率的准确测算则显得更有理论和政策指导意义。

目前广泛应用于均衡汇率测算实践的理论主要有:基本因素均衡汇率理论(Fundamental Equilibrium Exchange Rate, FEER)(Williamson, 1983)、自然均衡汇率理论(Natural Real Exchange Rate,NATREX)(Stein, 1994)、行为均衡汇率理论(Behavioral Equilibrium Exchange Rate, BEER)(Clark & MacDonald,1999)、均衡实际汇率理论(Equilibrium Real Exchange Rate,ERER)(Edwards,1989;Elbadawi,1994)、国际收支均衡汇率理论(Balance of Payments Equilibrium Exchange Rate,BPEER)(Rubaszek, 2004)以及购买力平价理论(theory of Purchasing Power Parity,PPP)等。

很多学者根据上述理论测算过人民币均衡汇率，例如，Chou & Shih（1998）、张志柏（2005）、王泽填和姚洋（2008）采用PPP，胡春田和陈智君（2009）、王义中（2009）采用FEER，储幼阳（2004）、王维国和黄万阳（2005）采用ERER，孙茂辉（2006）、徐磊（2008）采用NATREX，更多的学者则是基于BEER进行实证分析（Wang，Hui & Soofi，2007；张晓朴，1999；林伯强，2002；施建淮和余海丰，2005；冉茂盛等，2005；赵西亮和赵景文，2006；黄济生和申琳，2007；肖红叶等，2009；谢太峰和甄晗蕾，2015；等等）。

上述理论无一不是从某一个角度刻画了汇率运行的规律，它们在其假设条件下都非常合理地测算出了均衡汇率，因此具有很高的理论和实践价值。当然，现有的均衡汇率理论也有一些值得注意的问题。第一，由于大部分文献的分析都停留在宏观层面，缺乏微观基础[①]，致使实证研究过程中均衡汇率决定因素和决定函数的选择都带有相当程度的主观色彩。例如，BEER常常选择净国外资产、贸易条件和Balassa-Samuelson效应等作为影响均衡汇率的主要因素，FEER选择的常常是贸易条件、失业率和基础资本流动，而ERER中决定均衡汇率的主要因素则包括贸易条件、开放度、政府支出和外汇储备等。即使是同一种理论，在均衡汇率决定因素的选取上也可能大不相同，以NATREX为例，Rajan & Siregar（2004）确定决定因素包括贸易条件、生产能力、世界利率和政府支出，但Stein（1999）却确定决定因素包括本国和他国的时间偏好以及资本的生产率，其主观性可见一斑。第二，除了ERER外，大部分理论没有充分考虑当事国的具体国情。但即使是以发展中国家作为研究对象的ERER理论，其许多假设也随着时间的推移已经不符合发展中国家的实际情况了。更为重要的是，发展中国家也呈现出相当大的差异性，因此，以其作为研究对象得出的结论未必适合某个具体的发展中国家。

正是上述因素的存在，使得人民币均衡汇率的测算结果差别较大。为了提高实证分析的准确度，一些学者试图引入更为先进的计量技术（王曦和

① 虽然ERER有微观基础，但并不彻底，其均衡汇率决定因素的选择仍然有很强的主观性。

才国伟,2007;魏巍贤和李丕东,2007;肖红叶、王莉和胡海林,2009;王相宁、李敏和缪柏其,2010;项后军和潘锡泉,2010;等等);另外,一些学者如刘莉亚和任若恩(2002)、张斌(2003)、李祺(2006)等在运用上述理论时针对中国的实际情况对模型进行了部分修正。值得注意的是,张瀛和王浣尘(2004)、陈志昂(2005)、姜波克(2006)、姜波克和莫涛(2009)、徐家杰(2010a,2010b)等开始尝试建立全新的均衡汇率模型。这些文献都曾试图解决上述均衡汇率测算实践中的两大问题,极富理论意义,而且对人民币均衡汇率的测算结果也很有参考价值。其中的问题主要表现在:第一,绝大部分文献仍然没有解决微观基础缺乏的问题;第二,在考虑中国国情因素时,这些文献要么在计量模型中简单地加入体现中国国情的变量,要么完全以中国国情为对象而罔顾其他当事国家的实际情况和接受能力,这两种做法走向了两个相反的极端。

20世纪90年代以来,国际金融学的理论发展很快,对国际金融问题的分析更多地融入微观基础,并进行福利分析,以开发出新的发展方向。其中Obstfeld & Rogoff(1995,1996)所开辟的新开放经济宏观经济学(NOEM)替代传统的蒙代尔-弗莱明-多恩布什分析框架成为新的工作母机模型。许多具体的国际金融问题开始在NOEM框架内讨论,其中也包括均衡汇率的研究。Obstfeld & Rogoff(2000)首先从汇率失调的角度间接分析了均衡汇率问题,但并未给出一个具体的均衡汇率决定函数。其大体思路是在内部经济已经均衡的假设前提下,讨论为使实现外部经济由失衡走向均衡,汇率应该如何变化。杨治国和宋小宁(2009)、彭国富和蔡扬扬(2010)也开始尝试在NOEM框架下分析均衡汇率的决定,但他们主要强调的是内部均衡,对外部均衡的关注很少。总体而言,目前在NOEM框架内研究均衡汇率的文献比较少,且还不够成熟。但尽管如此,NOEM框架坚实的微观基础仍然是传统的均衡汇率理论所不具备的,因此极富应用潜能。

NOEM框架的研究环境为黏性价格和垄断竞争下的两国模型,两国的代表性行为仍面临同样的约束条件和最优化问题,具有很强的对称性。虽然一些研究者考虑修改部分假设,如引入市场定价(Pricing to Market,PTM)(Betts & Devereux,2000)、引入风险溢价(Obstfeld & Rogoff,1998)等,但都是同时引入这些因素,并没有考虑两国居民之间的差别,仍然具有很强的对称性。实际上,基于NOEM框架的分析比较适合于发达经济体之间的问题,因为发达经济体之间的差别相对较小,可以采用对称方式处理。正因为如此,Obstfeld & Rogoff(2000)在分析均衡汇率问题时选择了OECD(Organization for Cooperation and Development,经济合作发展组织)国家作为研究对象。

然而,中国并不是一个发达国家,中国的国情与这些发达经济体有很大差别。我们认为,既然汇率体现两国货币的关系,人民币均衡汇率理论必须综合考虑中国和外国的国情,任何基于单一国家国情的均衡汇率都可能是有偏颇的,尤其不能将人民币均衡汇率建立在以发达经济体为背景的模型基础上。

关于当前中国和主要发达经济体的国情,我们可以概括为,与NOEM框架下的对称性环境相反,中国和发达国家之间的经济往来是在不对称国际经济体系下实现的。这种不对称性在中国和美国之间的经济往来中表现得最为明显,它具体体现在三个方面。第一,中国和美国的经济增长模式明显不对称。在当今的国际货币体系中,人民币至今没有实现资本项目下可自由兑换,而美元则长期作为世界上最为主要的储备货币。人民币与美元国际地位的巨大落差使得中国像其他发展中国家一样在经济发展的初期就形成了对美国市场或美元货币的依赖(彭刚和廖泽芳,2010),中国就此形成了出口导向型经济增长模式;而美国则凭借美元的储备货币地位和发达的金融市场为其过度消费融资,形成了典型的消费型经济增长模式。同时,在金融和经济的全球化过程中,历次金融危机充分暴露了发展中国家的金融脆弱性,使其不得不尽可能增加外汇储备,以提供金融稳定的担保(陈志昂,2008;李稻葵和尹兴中,2010)。而增加外汇储备的最有效途径则是扩大出口,这又进一步强化了发展中国家对美国市场和美元货币的依赖,出口导向型经济增长模式也随之强化,中美两国经济增长模式的不对称更加明显。第二,同样因为人民币和美元国际地位的差异,中国和美国的贸易结算既不是简单的当地货币定价(Local-Currency Pricing,LCP),也不是简单的卖方货币定价(Producer's Currency Pricing,PCP),而是美元定价(McKinnon & Schnabl,2004)。第三,两国企业的市场势力(Market Power)不对称。经济全球化时代的国际分工是传统二元经济的国际化,包括中国在内的广大发展中国家相当于无限供应劳动力的传统部门,在中低端产品市场进行激烈竞争。在这个近似完全竞争的市场结构中,企业的垄断定价权很小,甚至可能是价格接受者(陈学彬、李世刚和芦东,2007)。而以美国为代表的发达国家出口到发展中国家的则是资本密集型产品,它们可以凭借品牌、技术和服务而拥有一定的垄断定价权。

不对称国际经济体系对汇率的均衡解有十分重要的影响。例如,在对称的垄断竞争假设条件下,两国企业将按照同样的工资加成(Mark-up)比例给产品定价,从而使得产品价格也表现出一定的对称性;而如果两国企业的市场势力不对称,这种工资加成比例将不一致,结果产品价格也会表现出不对称性,这势必会影响到实际汇率的决定。

鉴于国际经济体系的不对称性对NOEM分析框架下均衡结果的巨大影响,我们认为:在NOEM框架下分析人民币均衡汇率必须考虑国际经济体系的这种不对称性,即必须综合考虑中国和外国的国情。因此,有必要在NOEM分析框架内将对称性假设下的均衡汇率理论进一步发展为不对称性假设下的均衡汇率理论。

为此,本书拟在NOEM框架内建立一个不对称国际经济体系下的均衡汇率模型,探讨影响均衡汇率的因素及其作用机制,特别是国际经济体系的不对称性对均衡汇率的定量影响与定性机理。我们还要将该模型应用于人民币均衡汇率的实证研究,估计出人民币汇率的合理均衡水平,并分析人民币汇率是否失调以及失调的程度。

二、研究意义

自1994年我国外汇管理体制改革以来,人民币汇率一直是国内外实业界、政治界、学术界关注和研究的热点。从人民币对美元汇率的走势(如图1.1)来看,此次改革后直到2005年7月,人民币汇率一直比较稳定;2005年7月的人民币汇率形成机制改革(主要内容包括人民币汇率随着市场供求变化而变化,人民币对美元汇率中间价一次性调高2%,参考一篮子货币进行调节,扩大了人民币汇率的波动幅度等)之后,人民币走上了十年逐步升值之路,尽管期间各国呼吁人民币升值的声音仍未停歇。而2015年“8•11”汇改后,人民币出现大幅贬值,2017年1月3日人民币对美元名义汇率为6.9610,接近跌破7的关口。随后人民币又开始了强势升值的历程,至2018年5月22日人民币对美元汇率为6.3751。

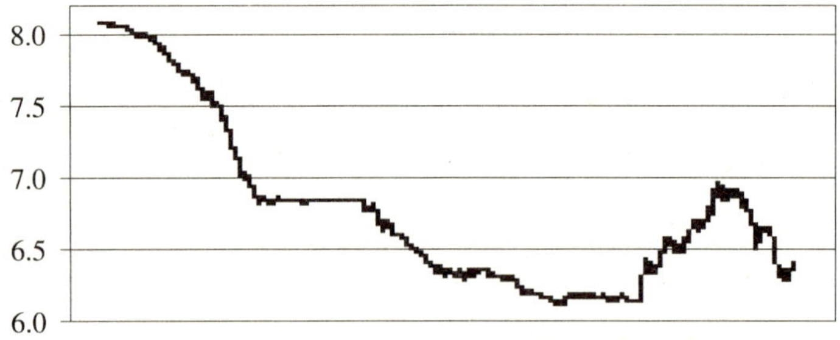

图1.1　2005年7月—2018年5月以来人民币对美元走势图

人民币持续的升值与“8•11”汇改后的大幅波动不禁让我们思考均衡汇率到底应该处于什么样的水平。本书的选题正是着眼于解决这个问题的。具体而言,本书将依据不对称国际经济体系下的均衡汇率理论模型对人民币均衡汇率进行实证检验,判断人民币汇率是否失调以及失调的程度。因此,本书的研究具有一定的实践意义。

本书选题的理论意义首先表现在它在一定程度上发展了理论界对均衡汇率的认识。关于均衡汇率的确定,从早期的购买力平价理论到后来的基本因素均衡汇率理论、均衡实际汇率理论等,无不以假设一个近乎完美的市场环境为前提,而该市场环境与现实差距很大,因此用各种方法得到的均衡汇率不仅多而杂,难以统一,也削弱了其对现实的政策指导意义。本书的选题将会在一个更加符合实际(即考虑不对称国际经济体系)的假设条件下探讨均衡汇率,因此本书的分析将有助于推动均衡汇率理论的发展。

本书选题的理论意义还表现在它将有助于建立一套合乎发展中国家国情的均衡汇率理论。现有的均衡汇率理论,绝大多数是以发达国家的经济环境作为研究背景的,而发达国家和发展中国家的国情差异很大。一般认为,适合发展中国家的理论是均衡实际汇率理论,然而,仔细研究就会发现,该学说虽然针对发展中国家，但这些国家也在不断发展中，均衡实际汇率理论的一些假设，如“存在双重汇率”等也已经不适合发展中国家了。因此，建立一套真正适合当前发展中国家国情的均衡汇率理论迫在眉睫，而本书的选题意在为这一理论做一些基础性工作。

第二节 本书结构、创新与不足

一、本书结构

本书主要的研究思路大体分三步进行。第一步，在回顾相关文献的基础上列举不对称国际经济体系的特征事实。第二步，基于特征事实建立理论模型，由于国际经济体系的不对称性有三个不同的表现：经济增长模式不对称、定价货币不对称以及市场势力不对称，为了研究不对称国际经济体系条件下的人民币均衡汇率，本书的理论模型实际上由三个假设条件逐步放松的模型构成，其中第一个模型考虑经济增长模式不对称，第二个模型在第一个模型的基础上引入定价货币不对称，第三个模型则在第二个模型的基础上引入市场势力不对称。第三步，实证分析，讨论不对称国际经济体系下人民币汇率的合理均衡水平之所在，进而判断人民币汇率是否失调以及失调的程度。由于理论模型的假设条件是逐步引入的，本书也对不同假设条件下的人民币均衡汇率水平进行估计，以便看出条件的变化对结果的具体数量影响。最后，本书将在理论与实证分析的基础上提出相应的政策建议。具体的研究思路可以用图1.2的逻辑框架图来表示。

具体结构如下：

第一章引言，主要介绍选题的研究背景、研究的理论和现实意义、全书结构以及创新与不足。

第二章均衡汇率理论文献评述，目的在于对已有关于均衡汇率的文献做全面系统的综述。本章详细介绍了不同的均衡汇率理论，包括购买力平价理论、基本因素均衡汇率理论、自然均衡汇率理论、行为均衡汇率理论、均衡实际汇率理论和基于NOEM框架下的均衡汇率研究等，并对这些均衡汇率理论进行了评论。

第三章通过数据列举不对称国际经济体系的特征事实，国际经济体系不对称性的三个主要表现（经济增长模式不对称、定价货币不对称以及市场势力不对称）都可以通过充分的数据进行刻画。本章的工作是通过数据刻画国际经济体系不对称性的这些表现。

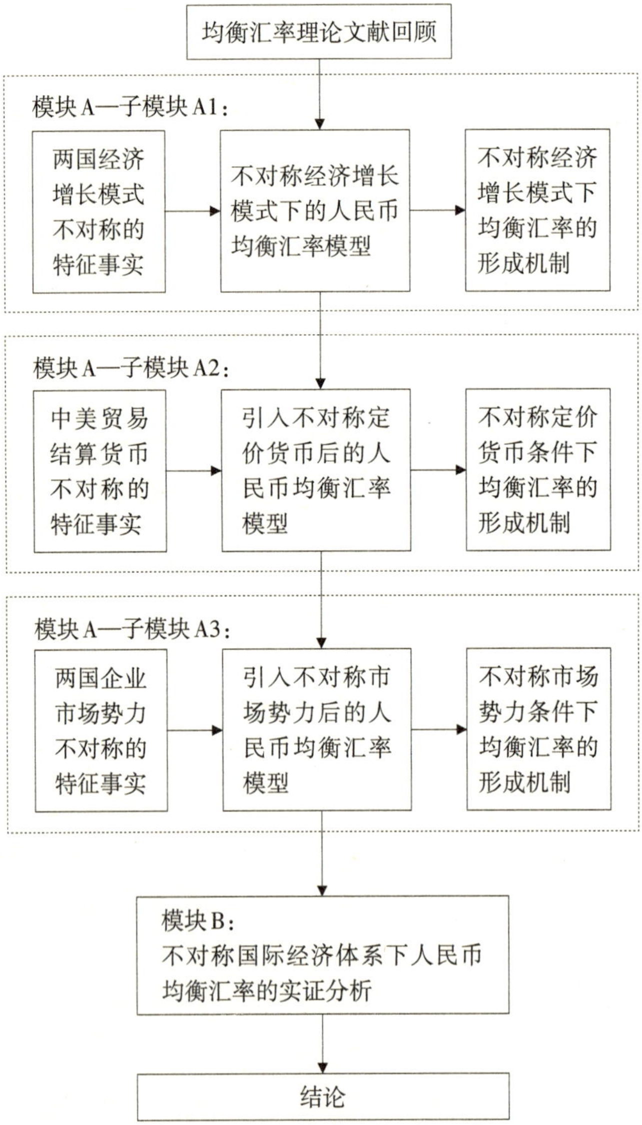

图1.2　本文的研究框架图

第四章建立均衡实际汇率的模型。本章将在NOEM研究框架下逐步引入经济增长模式不对称、定价货币不对称以及市场势力不对称，最终建立不对称国际经济体系下的均衡汇率完整模型。本章还将从理论上分析影响均衡汇率的因素以及其中的作用机制。

第五章实证分析不对称国际经济体系下人民币均衡汇率。由于第四章理论模型的假设条件依次放松，本章也试图对不同假设条件下的人民币均衡汇率进行实证检验。不过，出于方便比较的考虑，本章的实证分析只在两个层次上进行：首先检验经济增长模式不对称和定价货币不对称条件下的人民币均衡汇率，然后增加考虑市场势力不对称，探讨不对称国际经济体系下完整的人民币均衡汇率。两个层次的实证分析基于同样的思路：首先对第四章均衡实际汇率模型进行对数线性化处理，然后通过单位根检验、协整检验、误差修正模型、H-P滤波等实证分析方法检验人民币均衡汇率，判断人民币汇率是否失调以及失调程度。

第六章结论。总结全书内容，并针对当前中国的问题提出相应的对策。

二、本书的创新点

本书的创新点主要包括以下三点：

第一，在NOEM框架内研究均衡汇率的决定问题，拓展了新开放经济宏观经济学的研究视野。如前所述，目前在NOEM框架内研究均衡汇率问题的文献极少，仅有的几篇文章中，Obstfeld & Rogoff(2000)只是从汇率失调的角度间接分析了均衡汇率问题，并未给出一个具体的均衡汇率决定函数，而杨治国和宋小宁(2009)、彭国富和蔡扬扬(2010)虽然在NOEM框架下分析了均衡汇率的决定，但他们主要强调的是内部均衡，对外部均衡的关注很少，并不是严格意义上的均衡汇率理论。本书则紧扣均衡汇率的定义，在NOEM框架内分析均衡汇率问题，拓展了对该问题的研究。

第二，建立了不对称国际经济体系下的人民币均衡汇率模型，该模型充分考虑了人民币均衡汇率决定过程中的国情因素，包括中国国情和外国国情。这种建立在两国国情基础上的均衡汇率理论与已有文献有较大差别，因为后者仅仅强调某一国家的国情。

第三，本书对具有不同市场势力的中美两国厂商的定价策略进行了分析，其中对市场势力相对较小的中国厂商的定价策略分析在现有文献中鲜见。具体而言，本书通过一个领导者—跟随者博弈模型来分析中国厂商的定价策略，假设中国厂商制定产品的价格，其他东南亚发展中国家根据利润最大化原则制定产量。这显著区别于已有的领导者—跟随者博弈模型，对于后者，跟随者根据领导者的产量（或价格）制定自己的产量（或价格）。

三、本书的不足

本书可能在以下方面存在不足：

（1）本书将生产者和消费者统一于一体，居民既是生产者又是消费者，假设居民是完全理性的，并且每个居民的消费效用函数是一致的。

（2）本文只将消费者和生产者考虑在内，未考虑政府和其他部门的经济行为。

上述这些假设条件与现实都有较大的差距，本文构建的模型与已有学者的研究相比较而言，虽然假设更贴近事实，但仍然属于理想条件下的情形。如果考虑不同消费者之间的不同效用函数、不同预算约束条件，或者考虑更多经济部门的活动等现实因素，则研究结论可能需要修正，但这些都有待进一步研究。

第二章
均衡汇率理论文献综述

均衡汇率这一概念最早由Nurkse(1945)提出,Nurkse把均衡汇率定义为国际收支平衡和充分就业同时实现时的实际汇率,即内外均衡同时实现的实际汇率。该定义很快被理论界主流所接受。此后,越来越多的国际金融研究者在内外均衡的框架下探求开放经济体的均衡汇率水平。

然而,尽管均衡汇率作为一个概念直到1945年才出现,但是实际上人们对均衡汇率的探求历史则悠久得多。早在16世纪,西班牙的Salamanca学派就认为汇率是由两国的货币购买力之比决定的,这也成为购买力平价理论最早的描述[①]。其后,李嘉图、穆勒等古典经济学家也都阐述了类似的思想。当然,“对之进行的系统阐述则是瑞典学者Cassel于1922年完成的”(姜波克,1999)。1929年世界经济危机后,凯恩斯宏观经济理论逐渐取代古典经济学成为经济学主流分析范式,均衡汇率理论重心也开始向宏观均衡分析倾斜。正是在这样的背景下,Swan(1955)基于Nurkse(1945)的研究,认为均衡汇率是在中期内与宏观经济内外均衡相一致的实际汇率,其中内部均衡指经济达

① 尽管购买力平价理论通常被称为汇率的决定理论,但它同时也是关于均衡汇率的最早理论。

到充分就业同时维持较低的通货膨胀率，外部均衡指国际收支平衡[①]。Swan(1955)随后进一步阐述了当经济处于失衡状态时如何进行政策搭配。然而，该理论同时也存在以经常账户平衡代替国际收支平衡、以定性分析为主等缺陷，因此在实际应用中受到很大限制。为了克服Swan(1955)研究的缺陷，Williamson(1983)[②]提出了基本因素均衡汇率理论(FEER[③])，详细计算了与一国储蓄率和生产率相适应的合意经常账户余额，进而推算出了基本因素均衡汇率。Williamson(1983)的理论后来又发展和衍生出许多新的均衡汇率理论，比较有代表性的是Stein(1994)的自然均衡汇率理论(NATREX)。由于基本因素均衡汇率理论和自然均衡汇率理论都需要通过相应的结构方程(或结构方程组)解出均衡汇率，而确定结构方程(或结构方程组)却有一定的主观性，因此许多学者开始尝试提供一个更加具有操作性的简约方程来探求均衡汇率，这方面的贡献主要有Clark & MacDonald(1999)的行为均衡汇率理论(BEER)和Rubaszek(2004)的国际收支均衡汇率理论(BPEER)。

20世纪80年代以后，许多发展中国家的经济开始高速发展，而当时的均衡汇率理论都是以发达国家经济作为研究对象的，不能完全适用于发展中国家。为此，Edwards(1989)首次提出了针对发展中国家经济现状的均衡实际汇率理论(ERER)。[④]进入21世纪以来，鉴于发展中国家数量众多、国情差异较大，一些学者开始就某种具体类型的发展中国家提出自己的均衡汇率理论，代表性的例子就是Cuong，Cécile & Thai(2006)提出的以新兴经济体[⑤]为背景的均衡汇率理论。

---

① 另外可参考Clark(1994)、Faruqee(1995)和Isard & Faruqee(1998)等对该理论的阐述。

② Williamson(1994)，Wren-Lewis (1992)，Clark(1994)，Bayoumi，Clark，Symansky et al(1994)，Isard & Faruqee(1998)，Driver & Wren-Lewis(1998)以及Detken et al(2002)等人进一步完善了该理论。

③ 为了描述方便，本文在使用缩写形式时，有时用其表示某一均衡汇率理论，有时又用其表示该理论所决定的均衡汇率水平值，具体含义应根据上下文判断。

④ Edwards(1994)，Elbadawi(1994)，Baffes et al(1997)以及Montiel(1999，2001)等人对该理论进行了修正和扩展。

⑤ 根据Cuong，Cécile & Thai(2006)的解释，新兴经济体指发展中国家中的那些中高收入经济体，主要包括拉丁美洲、中美洲、亚洲以及中东欧地区的国家。

第一节　购买力平价理论

购买力平价理论从正式提出到现在,可以说是几经沉浮,饱经沧桑。当Cassel于1922年系统提出购买力平价时,第一次世界大战刚结束没几年。战争期间,各国大量发行银行券致使通货膨胀非常严重。购买力平价基本解释了战争导致通货膨胀而引起的汇率变动,并且提供了战后均衡汇率水平的理论依据。因此这一理论在当时引起了广泛的注意。然而好景不长,20世纪30年代,资本流动、就业和其他冲击对汇率变动和国际收支的影响很大,购买力平价理论的解释力大为削弱,有关它的讨论也成为"乏味的话题"(Taylor,2001)。"二战"之后,一些经济学家如Yeager(1966),Houthakker & Stephen(1969)等重新运用这一理论解释汇率变动,购买力平价学说似乎获得了生机。但是到20世纪60年代中期,Balassa(1964)和Samuelson(1964)又对它提出了强烈的批评。布雷顿森林体系解体之后,浮动汇率制重获新生,理论界对购买力平价的讨论更加热烈,技术也更加先进,但结果却是毁誉参半。不过,尽管如此,"购买力平价仍然是判断汇率水平的重要尺度,被政府、国际组织和金融机构广为应用,作为汇率预测特别是长期预测的模型,在政策制定方面起着不可或缺的作用"(Dornbusch,1987)。

一、购买力平价的理论阐述

购买力平价的理论基础是一价定律,即如果商品套利是完美的,同一种物品在任何国家的价格按照货币比价换算后应该是相同的。完美的商品套利要求具备信息完全、没有交易成本、商品同质、投资者理性等条件。当这些条件得到满足时,汇率通过商品套利实现均衡,即

$$S_t = P_t / P_t^* \tag{2-1}$$

其中t为时期数,P_t和P_t^*分别表示本国和外国在t时期的一般物价水

平[①],S_t为时期t的名义汇率(直接标价法)。

式(2-1)即为绝对购买力平价的表示形式。而当存在交易成本时,购买力平价学说认为各国物价水平以同一种货币计算时存在着一定的、较为稳定的偏离,即

$$S_t = \left(P_t/P_t^*\right)\cdot k \tag{2-2}$$

其中k是常数,$k = S_0 P_0^*/P_0$,P_0和P_0^*分别为两国基期物价水平,S_0为基期的名义汇率。

当式(2-1)和式(2-2)用实际汇率$Q_t = S_t P_t^*/P_t$表示时,购买力平价可以分别表示为$Q_t = 1$和$Q_t = k$。

二、购买力平价的实证研究

长期以来,国际学术界对购买力平价进行了全方位、多角度的实证研究。例如,Liu(1993),Pippenger(1992),Cheung & Lai(1993),Seabra(1995),Wallace & Shelley(2006),Brissimis, Sideris & Voumvaki(2005),Apergis(2003)和Jenkins & Snaith(2005)等的研究都卓有成效。这些研究涉及不同的货币和不同的期间,研究的方法和对象也有所不同。不过,也有一些共同点。例如,购买力平价研究的样本区间比较长,一般都会在百年左右,跨越固定汇率制和浮动汇率制等不同的汇率制度。另外,值得注意的是,对购买力平价的实证检验和计量经济学的发展密切相关,几乎每出现一种新的计量方法都会有人设法把它应用于对购买力平价的研究中,从早期的普通最小二乘法和广义最小二乘法,到后来的单位根检验、协整技术、自回归条件异方差模型(Autoregressive Conditional Heteroscedasticity Model,ARCH)、体制转换模型(Regime-Switching Models)等无不在研究活动中得到运用。

而Rogoff(1996)提出的"购买力平价之谜"更是将购买力平价的实证研究推向高潮。在Rogoff(1996)的这篇评论购买力平价的文章中,他指出,虽

① 下文中除非特别说明,字母右上角若带星号则表示外国。

然关于购买力平价的实证检验文献丰富、结论各异,但是也有一些共识。这些共识主要有:第一,实际汇率在长期内将趋于购买力平价;第二,短期内实际汇率将会经常大幅度偏离购买力平价。然而,这两点共识却存在难以调和的矛盾。Rogoff 将这个矛盾称为“购买力平价之谜”。

“购买力平价之谜”可以以一种直观和具体的方式被理解。对购买力平价公式两边分别取自然对数有 $q_t = c$①,这个等式意味着以对数表示的实际汇率将等于一个常数。当然,严格等于并不现实,大多数学者认为如果实际汇率是均值回复(Mean Reversion)的,则购买力平价成立。②因此对购买力平价的实证研究主要是检验实际汇率序列是否是均值回复的,即检验方程:

$$q_t = \rho q_{t-1} + \alpha + u_t \tag{2-3}$$

如果 ρ 的估计值位于 0 和 1 之间,则实际汇率序列存在均值回复的趋势。

许多学者花了大量的精力估计式(2-3)中的 ρ 值。例如,Taylor(2002)采集了时间跨度长达 100 年的时间序列数据,估计出来的 ρ 值大约为 0.85。这意味着对购买力平价的一次冲击,其消失的半衰期大约是 4 年。③而 Taylor(2002)的结论很有代表性,因为一般的实证研究也都认为存在一个 3—5 年的半衰期。

然而,4 年的半衰期却成为产生“购买力平价之谜”的根源。因为当对购买力平价的一次冲击需要 4 年才能消失一半时,价格和工资已经可以充分调整了;而短期内实际汇率对购买力平价的大幅度偏离一般认为恰恰是由价格和工资的刚性所致,长短期实际汇率运行规律由此产生冲突。如何调和该冲突就成了“购买力平价之谜”。

面对“购买力平价之谜”,许多学者分析了其中的原因。例如,Taylor

---

① 其中 $q_t = \ln Q_t$, $c = \ln k$。

② 也有学者由费雪假说推导出购买力平价,结果实际汇率并不等于常数,而是服从随机游走过程。参见姜波克、陆前进:《汇率理论和政策研究》,复旦大学出版社 2000 年版,第 20—21 页。

③ 半衰期是指外部冲击消失一半所需要的时间,半衰期 H 的计算公式是 $H = \ln 0.5/\ln\rho$,见 Obstfeld & Taylor(1997)和 Taylor(2001)。

(2001)从技术层面给予了解释。在他看来,已有实证检验采用年度数据频率过低,而且线性模型设定也不尽合理。如果采集日平均数据,同时模型设定为非线性,那么“购买力平价之谜”就可以迎刃而解。

当然,更多的学者则是给予了经济层面的解释。这些解释大体沿着两个方向展开:其一,突出交易成本的重要性;其二,突出真实因素在实际汇率决定中的重要性。对于前者,例如Dumas(1992)证明如果市场是分割的,同时存在可观的交易成本,那么对购买力平价的偏离会服从一个非线性的均值回复过程。在此观点启示下,大量文献(Obstfeld & Taylor,1997;Bec, Ben-Salem & MacDonald,1999;Paya & Peel,2004;Shintani,2006;等等)在检验时纷纷采用非线性模型,结果比设定线性均值回复模型解释力更强。对于后者,例如MacDonald(2000)证明实际汇率的波动原因除刚性价格外也有Balassa-Samuelson效应[①]。这一观点引起了Rogers & Jenkins(1995)和Paya, Venetis & Peel(2003)等人的兴趣,他们对引起实际汇率波动的两个因素的重要性进行了检验,结果表明价格刚性似乎更为重要。尽管如此,Balassa-Samuelson效应在实际汇率决定中仍然十分重要。

三、购买力平价学说在均衡汇率理论中的应用

基于购买力平价的均衡汇率模型是最早使用的均衡汇率模型,它的基本思路是:如果实际汇率为平稳时间序列,长期均衡汇率可以通过相对购买力平价的方法计算。计算中,首先需要确定基期水平,基期水平上的实际汇率被认为保持在均衡汇率水平上;然后,通过相对价格变化对基期实际汇率的调整,可以得到以后的实际汇率,将以后各期的实际汇率和基期实际汇率相比较,可以判断实际汇率是否还维持在均衡汇率水平上。[②]Chou & Shih(1998)、张志柏(2005)和徐家杰(2010)就利用购买力平价计算过人民币均衡汇率。

然而,利用购买力平价测算出来的均衡汇率却有许多先天不足。首先,

---

① Balassa-Samuelson效应一般用本国的贸易品价格与非贸易品价格之比衡量。

② 较为详细的介绍参见张斌(2003)和 Ahlers & Hinkle(1999)。

基期的确定很重要，必须保证基期的实际汇率处于均衡汇率水平上，但并没有一个严格的标准做出这种保证，基期的确定带有很强的主观色彩。其次，实际汇率是否为平稳时间序列并不确定。正如实证研究得出的结论那样，交易成本的存在使得实际汇率可能会服从一个非线性过程，而Balassa-Samuelson效应等真实因素也对实际汇率的平稳性提出了挑战。种种不足使得用购买力平价方法估算出的均衡汇率的准确性难以保证，这也限制了基于购买力平价的均衡汇率模型的进一步发展。

第二节　基本因素均衡汇率理论

虽然Nurkse(1945)首次提出了内外均衡的均衡汇率概念，但他并没有深入分析内外均衡的实现机制与政策含义。Swan(1955)基于Nurkse(1945)的研究，具体阐述了当国家面临不同的经济状况时应该采取相应的政策搭配方案以达到汇率均衡。尽管Swan(1955)的内外均衡分析理论存在很多缺陷，但却成为后来Williamson(1983,1994)基本因素均衡汇率理论(FEER)的基础。基本因素均衡汇率理论(FEER)也逐渐取代购买力平价说成为计量均衡汇率的主流方法。

一、内外均衡分析的一般框架

Swan(1955)本来的研究意图是讨论开放经济下支出转换政策与支出增减政策的搭配，并不涉及均衡汇率问题，然而他首次将实际汇率作为自变量内生于内外均衡的做法却给人以启发。他的内外均衡模型也成为后来许多均衡汇率理论的分析起点。

按照Swan(1955)的见解，可以用图2.1简要分析均衡汇率的实现机制。

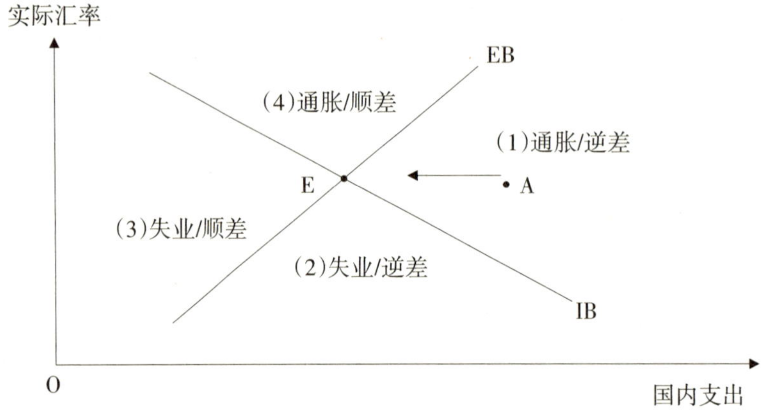

图2.1　内外均衡的实现

图2.1中,横轴表示国内支出,它受政府政策的影响。纵轴表示直接标价法下的实际汇率。①内部均衡(IB线)代表实际汇率与国内支出的结合,以实现充分就业和物价稳定。该线向右下方倾斜,因为本币升值会减少出口,增加进口,为了维护内部均衡必须增加国内支出。在IB线的右边,有通货膨胀的压力;左边则会产生失业。外部均衡(EB线)以经常账户的收支平衡来反映,忽略资本与金融账户。EB线向右上方倾斜,因为本币升值会减少净出口,为了维护外部均衡必须减少国内支出以减少对国外商品的购买。在EB线的左边是存在顺差的区域;右边为逆差。

当经济处于IB线与EB线相交的E点时,内外均衡同时实现,此时的汇率即为均衡汇率。而异于E点的任何一点都处于失衡状态,需要政府政策加以调节。例如,若初始点为图2.1中的A点,则宜采用贬值和紧缩搭配的政策,理想的结果是经济向E点移动从而达到内外均衡。

内外均衡分析逻辑比较简单,结论容易理解,但是却存在一些缺陷。其一,以经常账户平衡代替外部均衡、忽略国际收支结构使得政策主张的效果大打折扣。其二,这是一个定性分析,缺少定量分析使得政策主张不具有可操作性。而正是这些缺陷为后来各种均衡汇率理论的诞生提供了空间。

① 在Swan(1955)的原文中,他用成本比率作为纵坐标,本文采用实际汇率作为纵坐标,本质上是一样的,它们都是反映一国商品国际竞争力的指标。

二、基本因素均衡汇率理论

为了克服Swan(1955)的内外均衡理论存在的缺陷,Williamson(1983)首先提出了基本因素均衡汇率理论(FEER),而该理论也成为以后各种均衡汇率研究的蓝本。

同Swan(1955)一样,Williamson(1983)也将内部均衡定义为充分就业和低通货膨胀。不同于Swan(1955)简单地将经常账户平衡作为外部均衡的标志,Williamson(1983)认为,外部均衡的标志应该是当一国处于内部均衡状态时,与他国之间的合理的和可持续的资源净流动。[①]更为详细的解释是,假定该国可以按照世界利率无限制地借款或贷款,那么存在收益率高于这一利率的投资机会而国内储蓄又不能满足时,符合理性的行为就是在国际金融市场上借款以使本国投资大于国内储蓄,该国出现经常账户赤字(见图2.2)。尽管如此,外部均衡仍然得以实现,因为经常账户赤字能使本国和他国居民的福利达到最大化。

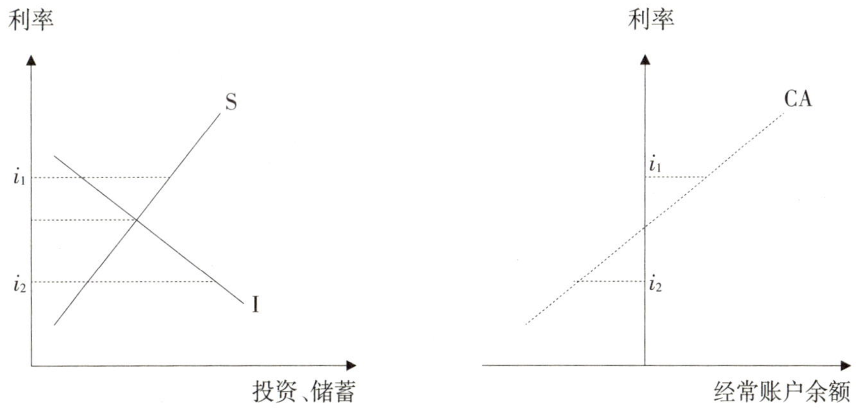

图2.2　储蓄、投资与经常账户

一般来说,各国储蓄与投资之间的差异分别是由各国不同的时间偏好

① 国内许多学者在解读FEER时常常认为Williamson所认为的外部均衡就是经常账户与资本账户之和为零,这其实是一种误解。

与投资边际生产率决定的①,因此外部均衡也直接受这两个因素的影响。然而,准确把握各国居民的时间偏好和各国投资的边际生产率却是相当困难的,因此很少有人直接通过内外均衡的原始条件求解均衡汇率。

当然,也不是没有替代办法。Williamson(1983)认为,用于衡量外部均衡的合理的资源净流动可以用一个经济周期内各年经常账户余额的平均值来代替。由于国际收支经常账户余额和资本账户余额之和总是等于零,也把该平均值称为基础资本流动$\overline{ucf}$。同时一国经常账户余额(CA)会受到来自贸易条件(tot)、失业率(ue)和实际汇率($reer$)的影响,即

$$CA = CA\left(tot, ue, reer \right) \tag{2-4}$$

那么,在经济周期平均失业率($\overline{ue}$)和贸易条件($\overline{tot}$)的约束下,使经常账户余额等于基础资本流动的实际汇率即为基本因素均衡汇率($FEER$):

$$CA = CA\left(\overline{tot}, \overline{ue}, FEER \right) = \overline{ucf} \tag{2-5}$$

正如Wren-Lewis(1992)所指出的那样,FEER只是与一国中期宏观均衡相一致的实际汇率,并不是一种汇率决定理论。然而,该理论暗含一个假设,即实际有效汇率经过足够长的时间后将收敛于FEER,因此FEER方法也有相当的应用价值。Barisone,Driver & Wren-Lewis(2006)和Hughes & Richter(2004)等人就分别用该方法估计了美元和其他主要货币的基本因素均衡汇率。胡春田和陈智君(2009)、王义中(2009)等也用该方法估计了人民币的基本因素均衡汇率。

从式(2-5)可以发现,探求FEER的关键是需要了解$CA(\cdot)$函数的形式和基础资本流动的规模。对于前者,一般只考虑线性模型。对于后者,情况就比较复杂,Williamson(1983)以一个经济周期内各年经常账户余额的平均值代替,而他后来(Williamson,1994)又根据债务周期决定的投资需求、人口的年龄结构对储蓄行为的影响等因素更加合理地估计了基础资本流动的规模,Isard & Faruqee(1998)和Egert & Lahreche-Revil(2003)等也提出了一些改进措施,但总的来说,这些算法都或多或少带有一些主观色彩。

虽然与内外均衡分析相比,基本因素均衡汇率理论在外部均衡的定义

① 详见姜波克:《国际金融学》,高等教育出版社1999年版,第185—187页。

和模型的可操作性上有很大改进,但仍然存在一些缺陷:其一,有相当程度的主观判断色彩,这不仅体现在对基础资本流动的推算上,还体现在影响均衡汇率的基本因素的确定上;其二,FEER方法总体上说是一个流量理论,没有考虑长期的存量均衡。如何消除这些缺陷也就成为后来的均衡汇率理论努力的方向。

第三节　自然均衡汇率理论

自然均衡汇率理论(NATREX)是在基本因素均衡汇率理论(FEER)的基础上加以修正而成的。该理论的基本模型最初由Stein(1994)提出,后来经过Stein(1999,2002)、Stein & Lim(2002)和Bouoiyour & Rey(2005)等人的努力逐步得到完善,对经济现象有相当强的解释力。

同基本因素均衡汇率理论一样,自然均衡汇率理论分析起点也是外部均衡的定义,也要求合理的经常账户余额等于合意的储蓄与投资之差:

$$S(k,F;Z)-I(k,y,q,r;Z)=CA(q,y,F;Z) \tag{2-6}$$

其中:$S(\cdot)$,$I(\cdot)$,$CA(\cdot)$分别表示储蓄、投资和经常账户余额函数;k,F,y,r分别表示资本存量、外债规模、实际产出和国内实际利率;q,Z则分别表示实际汇率和影响均衡汇率的基本因素向量。

另外还有几个约束条件:

$$r+\rho(t)=r^{*};\rho(t)=\Delta q_{t}^{e} \tag{2-7}$$

$$\mathrm{d}F/\mathrm{d}t=I(q,k,F,r;Z)-S(q,k,F,r;Z) \tag{2-8}$$

$$\mathrm{d}k/\mathrm{d}t=I \tag{2-9}$$

其中:*代表国外,$\rho(t)$表示风险升水。式(2-7)表明无抛补利率平价(Uncovered Interest Parity,UIP)成立。式(2-8)和式(2-9)则分别刻画了外债规模和投资规模的动态调整过程。

式(2-6)至式(2-9)一起构成了自然均衡汇率模型的结构方程组。从这组方程可以发现,基本因素除了影响到投资、储蓄和经常账户外,还会改变外债规模和资本存量，这也是自然均衡汇率理论的与众不同之处。在中期内，对于当前的投资、储蓄和经常账户余额，根据式(2-6)可以推算出一个均衡实际汇率，它既是外生基本因素的函数，也是当前的资本存量、外债规模等变量的函数。而在长期内，根据式(2-7)至式(2-9)，基本因素也会推动外债规模和资本存量向各自的长期稳定值逼近，结果根据式(2-6)也可以得到一个均衡汇率，即长期均衡实际汇率。该汇率是外债规模、资本存量的长期稳定值和外生基本因素的函数，而长期稳定值又是外生基本因素的函数，因此长期均衡实际汇率从根本上说是外生基本因素的函数。

显然，自然均衡汇率模型是一个动态的流量—存量相互作用的宏观经济模型，这是它与基本因素均衡汇率理论的根本区别。另外，从中长期均衡汇率的确定来看，自然均衡汇率是一个移动均衡概念，并不要求均衡汇率必须是平稳的，这一点也不同于基本因素均衡汇率，后者要求实际有效汇率最终收敛于FEER。当然，自然均衡汇率在基本因素的确定上依然存在主观性的缺点，例如，Rajan & Siregar(2004)确定基本因素包括贸易条件、生产能力、世界利率和政府支出，但Stein(1999)却确定基本因素包括本国和他国的时间偏好以及资本的生产率。

第四节　行为均衡汇率理论

Williamson(1983)曾明确区分过市场均衡(Market Equilibrium)、根本均衡(Fundamental Equilibrium)和当期均衡(Current Equilibrium)。[①] 然而，他却只是通过式(2-5)得出了满足根本均衡的基本因素均衡汇率(FEER)，没有讨论其他两个均衡的价值，更没有试图去探求相应的均衡汇率。此时Clark & MacDonald(1999)和MacDonald & Ricci(2004)等推出了行

---

① 市场均衡是指没有政府干预时外汇市场供求平衡的一种状态；根本均衡是一国处于内部均衡状态时资源净流动是合理和可持续的一种状态；当期均衡则是指在信息充分和理性预期的条件下市场出清的一种状态。详细分析请参见Williamson:*The Exchange Rate System*,Washington:Institute for International Economics,1983:13-17。

为均衡汇率理论(BEER),从而弥补了这方面的缺憾。

BEER一般以无抛补利率平价(UIP)作为分析起点。当UIP成立时,如果用实际汇率代替名义汇率,则需要一个风险升水加以调整:

$$\Delta q_{t+k}^{e} = -\left(r_t - r_t^{*}\right) + \lambda_t \tag{2-10}$$

其中q_{t+k}^{e}表示实际汇率的预期值,r_t,r_t^{*}分别表示本国和他国的利率,λ_t即为风险升水。将式(2-10)稍加变形得:

$$q_t = q_{t+k}^{e} + \left(r_t - r_t^{*}\right) - \lambda_t \tag{2-11}$$

式(2-11)含义相当丰富,它实际上提供了当期均衡汇率的一种简约算法。在当期均衡汇率的计算公式中,q_{t+k}^{e}反映的是影响实际汇率的长期因素,一般受到净国外资产(Net Foreign Asset,NFA)、贸易条件(Terms of Trade,TOT)和巴拉萨-萨缪尔效应(Balassa-Samuelson Effect)等实际因素的制约。而国内外利差($r_t - r_t^{*}$)则反映了影响实际汇率的中期因素。①

如果影响实际汇率的长期因素和中期因素都处于其长期平均值上,那么式(2-11)就得出了根本均衡条件下的均衡汇率,该汇率类似于Williamson(1983)所说的基本因素均衡汇率(FEER)。现实中的实际汇率与该汇率的差额被称作总失调,与当期均衡汇率的差额则被称作当期失调,可见Williamson(1983)所推算的汇率失调是总失调。

参数估计时,一般采用Johansen(1995)开创的向量误差修正模型(Vector Error Correction Mechanism,VECM)。如果是计算当期均衡汇率,可以直接采用长期因素和中期因素的实际值,如果是计算根本均衡条件下的均衡汇率,则需要将中长期因素校准在合意水平上。

很显然,与FEER和NATREX的结构方程相比,行为均衡汇率理论(BEER)提供的简约方程更加具有操作性。在均衡汇率决定方程中引入存量因素净国外资产使得模型更具活力。当然,明确区分了当期均衡和根本均衡也是其一大进步。这些优势也吸引了张晓朴(1999,2001)、施建淮和余海丰(2005)、谢太峰和甄晗蕾(2015)、Clostermann & Schnatz(2000)和Zeman(2004)等利用行为均衡汇率模型进行实证研究。

① Williamson(1983)也认为利差是影响实际汇率的中期因素。

但BEER也存在许多缺陷:(1)如同FEER、BEER,其对中长期基本经济因素的划分也具有较强的主观性。(2)BEER是局部均衡分析方法,它只考虑到资产市场的均衡,而没有考虑到货币市场的均衡,因而其分析是不完备的。(3)BEER并没有直接要求内外均衡的同时实现,这与要求内外均衡同时实现的FEER和NATREX存在根本的区别。对于BEER,尽管原则上,基本因素的水平值可以通过校准以使与充分就业和低通货膨胀的内部均衡保持一致;但对于外部均衡,却没有类似的校准方法。

Clark & MacDonald(2000)后来又在BEER的基础上发展出永久均衡汇率理论(Permanent Equilibrium Exchange Rate,PEER)。PEER的基本思想与BEER并无本质区别,PEER也把汇率失调分为现时失调与总失调。不同的是,PEER在计算均衡汇率之前,首先通过计量经济学方法把基本经济因素分解为暂时性与永久性两部分,最后用永久性部分去估计均衡汇率,即得到PEER。

值得一提的是,也有一些学者(Juselius, 1995; Juselius & MacDonald,2000;等等)将无抛补利率平价(UIP)和购买力平价(PPP)结合起来研究均衡汇率,即资本强化型均衡汇率(Capital Enhanced Equilibrium Exchange Rate,CHEER)。与FEER、NATREX和BEER不同,CHEER没有将注意力放在均衡汇率决定的真实因素上,而是集中考察了实际汇率与资本账户的相互作用。

第五节 国际收支均衡汇率理论

国际收支均衡汇率理论(Balance of Payments Equilibrium Exchange Rate,BPEER)是Mischal Rubaszek(2004)在研究波兰汇率失调情况时提出的一种均衡汇率理论。与BEER一样,BPEER也是一种简约的单方程模型。两者差别在于理论背景的不同,BEER的出发点是无抛补利率平价(UIP),而BPEER的出发点是国际收支恒等式。这意味着BEER被定义为与市场预期相一致的实际汇率水平,而BPEER被定义为与国际收支均衡相一致的实际汇率水平。

根据国际收支恒等式，存在 $CA + KA = 0$，其中 CA、KA 分别为经常账户和资本账户余额。

BPEER确定经常账户余额等于净出口（NX）和净国外资产（nfa）的利息收入之和：$CA = NX + r^{*}nfa$。而净出口取决于实际汇率（q）与本国和他国收入（y 和 y^{*}），因此 $CA = CA(q, y, y^{*}, nfa)$。

BPEER确定影响资本账户余额的变量是实际利率差额：$KA = KA(r - r^{*})$。

将经常账户和资本账户余额方程分别代入国际收支恒等式，化简后最终得到BPEER的表达式：

$$BPEER = f(y, y^{*}, nfa, r - r^{*}) \tag{2-12}$$

与BEER一样，BPEER也引入了存量因素，这是对FEER的改进。不过相对于BEER，BPEER从国际收支恒等式出发，因而避免了BEER基于UIP而导致均衡汇率不能保证内外均衡同时实现的问题出现。可以说BPEER吸取了FEER和BEER的部分优点。

尽管如此，BPEER仍然存在许多缺陷：(1)同FEER、NATREX和BEER一样，BPEER在基本因素的确定上也需要主观判断。(2)BPEER也是局部均衡分析方法，它没有考虑到货币、资本市场的均衡，因而分析也是不完备的。(3)BPEER最大的问题在于忽略了国际收支的结构。正如Williamson(1983)所认为的那样，外部均衡的条件应该是当一国处于内部均衡状态时，与他国之间能形成合理的和可持续的资源净流动，而不是简单地要求经常账户和资本账户余额之和为零。

最后需要指出的是，类似于Clark & MacDonald(2000)在BEER的基础上发展出PEER，Mischal Rubaszek(2004)也在BPEER的基础上发展出中长期BPEER，其基本思路与PEER的构建方式完全一样。首先通过计量经济学方法把基本因素分解为暂时性与永久性两部分，然后用永久性部分去估计均衡汇率，得到中长期BPEER。

第六节 发展中国家均衡汇率理论

对发展中国家均衡汇率的研究始于Edwards(1989)。在那篇开创性文献中,Edwards提出了均衡实际汇率理论(ERER)。此后,经过Edwards(1994),Elbadawi(1994)和Montiel(1999,2001)等人的修正和扩展,ERER逐步得到完善。许多学者(Doroodian,Jung & Yucel,2002;张晓朴,2001;储幼阳,2004;等等)利用该理论实证研究了诸如土耳其、中国等发展中国家的均衡汇率。

然而,均衡实际汇率理论虽然是以发展中国家作为研究对象的,但是随着时间的推移,其中的许多假设已经不符合许多发展中国家的实际了。例如,ERER充分考虑了发展中国家存在的外汇管制、贸易壁垒、官方汇率与黑市汇率并存等现象,但是20世纪90年代以来,许多发展中国家实行的是经济金融开放政策和自由市场经济政策,与ERER的假设环境相去甚远。

在此情况下,Cuong,Cécile & Thai(2006)选择以发展中国家中的新兴经济体作为研究对象,集中分析这些国家的均衡汇率决定问题。新兴经济体有一些共同的特点,即国民收入高、发展速度快,这主要得益于它们实行了经济金融开放政策和自由市场经济政策。从地域上讲,新兴经济体主要包括中美洲、拉丁美洲、亚洲和中东欧等地区的国家。因此,较之于ERER,Cuong,Cécile & Luong(2006)的均衡汇率理论更符合大多数发展中国家的实际,本节将介绍这一理论。

Cuong,Cécile & Thai(2006)建立了一个包含两个部门(贸易品部门和非贸易品部门)的小国开放经济的均衡汇率决定模型,通过一般均衡的分析框架确认了决定均衡汇率的一些供给和需求方面的因素,并且探讨了这些因素影响均衡汇率的程度和方向。

在Cuong,Cécile & Thai(2006)的均衡汇率理论中,实际汇率被定义为贸易品价格与非贸易品价格之比。另外,该理论的主要假设包括:(1)均衡的贸易账户赤字额不必为零,但必须是中长期内合理的和可持续的,判断合理性和可持续性的指标是外债余额与GDP的比率(Debt-to-GDP Ratio),设该比率的理想水平是λ;(2)资本可以在世界范围内自由流动,没有交易成本限制,使用单位资本的成本是世界利率$\bar{r}$;(3)劳动力不能在世界范围内自由流动,但可以在国内不同部门之间自由流动,这保证了国内不同部门的工人获得相同的工资$\bar{w}$。

除此之外,又设国内厂商面临的生产函数是:$y_T = A_T l_T^{\alpha} k_T^{\beta}$,$y_N = A_N l_N^{\alpha} k_N^{\beta}$ $(\alpha + \beta < 1)$。[①]另外,国内资源是有限的,设国内劳动力和资本的总供给均正规化为1,即:$l_T + l_N = 1$,$k_T + k_N = 1$。

国内厂商的最优决策是利润最大化,即

$$\max_{k_T, l_T} \left\{ P_T y_T + P_N y_N - \bar{w}(l_T + l_N) - \bar{r}(k_T + k_N) \right\} \tag{2-13}$$

式(2-13)的解是$k_T = l_T = (qa)^{\frac{1}{1-\alpha-\beta}} \Big/ \left[1 + (qa)^{\frac{1}{1-\alpha-\beta}} \right]$,其中$q = P_T/P_N$,$a = A_T/A_N$。相应的产出是:$y_T = A_T k_T^{\alpha+\beta}$,$y_N = A_N(1-k_T)^{\alpha+\beta}$。

国内消费者面临的约束是:$P_T C_T + P_N C_N + P_T X_T = P_T y_T + P_N y_N + P_T M_T$,其中$C$,$M$,$X$分别表示消费量、进口量和出口量。而根据假设(1),当贸易账户余额均衡时,有$P_T(M_T - X_T) = \lambda(P_T y_T + P_N y_N)$。因此综合而言,国内消费者面临的约束条件是:

$$P_T C_T + P_N C_N = (1+\lambda)(P_T y_T + P_N y_N) \tag{2-14}$$

在式(2-14)的约束下,国内消费者的最优决策是效用最大化,即

$$\max_{C_T, C_N} U(C_T, C_N) = \ln C_T + \zeta \ln C_N \tag{2-15}$$

其中,ζ代表消费者对非贸易品的偏好系数。

式(2-15)的解是:$C_T = \dfrac{1+\lambda}{1+\zeta} \cdot \left(y_T + \dfrac{y_N}{q} \right)$,$C_N = \dfrac{\zeta(1+\lambda)}{1+\zeta} \cdot (q y_T + y_N)$。

一般均衡要求贸易品市场和非贸易品市场均处于均衡状态,即$C_T + X_T = y_T + M_T$,$C_N = y_N$。由该一般均衡的条件最终可以得出均衡实际汇率

---

① 其中A,l分别表示技术水平和劳动力投入,下标T表示贸易部门,下标N表示非贸易部门,下同。

为$q=\frac{1}{a}\left[\frac{1-\zeta\lambda}{\zeta(1+\lambda)}\right]^{1-\alpha-\beta}$。

在此基础上,Cuong,Cécile & Thai进一步分析了贸易品与非贸易品部门的生产率差异、外债余额与GDP的合理比率以及消费者偏好等因素影响均衡汇率的大小和方向。

Cuong,Cécile & Thai(2006)的均衡汇率理论优点是充分贴近新兴经济体的实际,在外部均衡的处理上像FEER、NATREX一样,也较BPEER更加科学,同时一般均衡分析使其微观基础非常坚实,这是FEER、NATREX等宏观理论所不能比拟的。然而,该均衡汇率理论也存在一些缺陷,主要体现在:(1)对贸易品和非贸易品的划分带有很强的主观色彩,而消费者的偏好等变量又不易量化,其确定因此也依赖主观判断;(2)厂商决策机制与实际情况有些差别,此处厂商的最优决策更像是一个中央计划者的决策方式,厂商理想的决策方式应该是针对贸易品和非贸易品分别确定最优劳动力和资本的投入。

第七节 新开放经济宏观经济学框架下的均衡汇率思想

如前所述,20世纪90年代以来,国际金融学的理论发展很快,对国际金融问题的分析更多地融入微观基础并进行福利分析成为新的发展方向。其中Obstfeld & Rogoff(1995,1996)所开辟的新开放经济宏观经济学(NOEM)则替代传统的蒙代尔-弗莱明-多恩布什分析框架成为新的工作母机模型。许多具体的国际金融问题开始在NOEM框架内讨论,其中也包括均衡汇率的研究。

NOEM模型是一个有微观基础的、两国的、动态一般均衡模型。这个模型考虑到了名义价格刚性、不完全竞争和经济主体是生产者和消费者的统一体。其主要假设有:(1)两国(本国和外国),生产者和消费者一体的世界,其中本国为$[0,n]$,外国为$[n,1]$,每个经济主体都生产单一的非同质产品,该产品同样用z表示。(2)所有经济主体偏好相同。跨期效用函数与消费C正相关，与真实货币余额(M/P)正相关，与工作努力程度负相关(或与产出y负相关)。在此假设条件下，行为人最大化其跨期效用：

$$U_t = \sum_{s=t}^{\infty}\beta^{(s-t)}\left[\frac{\delta}{\delta-1}C_s^{\frac{\delta-1}{\delta}} + \frac{\chi}{1-\varepsilon}\left(\frac{M_s}{P_s}\right)^{1-\varepsilon} - \frac{\kappa}{\mu}y_s(z)^{\mu}\right],$$

其中，β为贴现因子。

另外，行为人需满足如下的跨期预算约束条件：

$P_tF_t + M_t = P_t(1+r_t)F_{t-1} + M_{t-1} + p_t(z)y_t(z) - P_tC_t - P_tT_t$。

其中，F,T,P,p,r分别为行为人所持有的外国资产、所缴纳的税收、一般物价水平、产品z的价格和利率水平。

行为人的决策即在跨期预算约束条件下寻求跨期效用最大化，该问题一般采用动态规划和对数线性近似法进行处理。

在标准模型中，一价定律成立。当行为人的最优决策使经济达到内外均衡时，可以推算得到本国和外国的消费价格水平，通过$E = P/P^*$可以计算出均衡汇率。

在Obstfeld & Rogoff(1995)提出NOEM理论之后，众多学者从不同方面将该模型进行拓展。彭国富和蔡扬扬(2010)在标准模型的基础上，将本国和外国的生产部门分为贸易部门和非贸易部门，得到拓展后的人民币均衡跨期模型。根据该理论模型的非线性和动态特点，设计了一个向量自回归(VAR)模型，实证分析了人民币对美元的名义汇率是否合理。

鄂永健和丁剑平(2007)通过一个垄断的两国动态一般均衡模型分析生产率对长期实际汇率的影响，将原始的巴拉萨-萨缪尔森假说(Balassa-Samuelson Hypothesis,BSH)的相同消费权重的假说进行拓展，建立不同消费权重的假说，在NOEM框架下，求得实际汇率的解析解。通过对1979—2004年的中美两国数据进行实证，得到生产率与实际汇率之间的关系比传统的BSH有更强的解释力和长期实际汇率的主要决定因素是生产率这两个主要结论。

在鄂永健和丁剑平(2007)研究的模型上，季霜密(2014)在模型中引入PCP-LCP这个不对称定价模式，假设本国部分厂商采用LCP定价模式，另一部分厂商采用PCP定价模式，而外国厂商采用PCP定价模式。在垄断市场的假设下，通过消费者效用最大化、生产者利润最大化和预算约束条件，得到均衡汇率测算模型。与鄂永健和丁剑平（2007）不同的地方在于，季霜密（2014）引入了不对称定价机制。通过对1988—2012年的数据进行实证发现，均衡汇率不仅取决于各部门的生产率（同鄂永健和丁剑平的研究结论一致），还取决于使用PCP和LCP定价模式的厂商之间的比重。本国和外国可贸易部门的生产率提高对均衡汇率的影响是不确定的，具体变化方向取决于各部门消费权重的大小；而本国和外国不可贸易部门的生产率变化对均衡汇率的影响是确定的。

徐会珍（2016）在NOEM框架下，引入不同国家不对称经济增长模式、不对称货币定价机制这两个假设条件，考虑到本国和外国的经济结构差异，推测出人民币均衡汇率模型。其采用1985—2016年的数据对人民币对美元汇率进行实证分析，中美两国的经济增长不对称表现在合理的经常项目占GDP的比例不同，而不对称的定价货币体现在中国两国厂商都以美元定价。

第八节　本章结束语

对已有文献的综述说明，无论是购买力平价理论、基本因素均衡汇率理论、自然均衡汇率理论、行为均衡汇率理论还是国际收支均衡汇率理论、发展中国家均衡汇率理论，无一不是从某一个角度刻画了汇率运行的规律。这些理论在其假设条件下都非常成功地解释了均衡汇率决定的因素和机制，因此具有很高的理论和实践价值。

然而，其中存在的问题也不能忽视。这些问题主要表现在：第一，除了发展中国家均衡汇率模型和NOEM框架下的均衡汇率模型外，绝大部分文献仍然没有解决微观基础缺乏的问题。第二，在考虑中国国情因素时，这些文献要么在计量模型中简单地加入体现中国国情的变量，要么完全以中国国情为对象而罔顾其他当事国家的实际情况和接受能力，这两种做法走向了两个相反的极端。我们认为，正确的处理办法应该是综合考虑中国和外国的国情并进行分析，而当前中国和主要发达经济体的国情差异可以概括为中国和发达国家之间的经济往来是在不对称国际经济体系下实现的。

有鉴于此，我们认为，可以考虑在NOEM框架内建立一个不对称国际经济体系下的均衡汇率模型，探讨影响均衡汇率的因素及其作用机制，特别是国际经济体系的不对称性对均衡汇率的定量影响。

第三章
不对称国际经济体系的特征事实

如前所述，中国和发达国家之间的经济往来是在不对称国际经济体系下实现的，这种不对称性在中国和美国之间的经济往来中表现得最为明显，它具体体现在三个方面。第一，中国和美国的经济增长模式明显不对称。第二，同样因为人民币和美元国际地位的差异，中国和美国的贸易结算既不是简单的当地货币定价(Local-Currency Pricing,LCP)，也不是简单的卖方货币定价(Producer's Currency Pricing,PCP)，而是美元定价(McKinnon & Schnabl,2004)。第三，两国企业的市场势力(Market Power)不对称。这三个方面的不对称均有充分的特征事实为证。

第一节　不对称经济增长模式特征事实

中国像其他发展中国家一样在经济发展的初期就形成了对美国市场或美元货币的依赖(彭刚和廖泽芳,2010)，就此形成了出口导向型经济增长模式；而美国则凭借美元的储备货币地位和发达的金融市场为其过度消费融资，形成了典型的消费型经济增长模式。

一、供需结构的长期脱节使得美国依赖于进口消费，中国依赖于出口

中美两国不对称经济增长模式体现在中美两国供需结构上。观察表3.1中、美两国供需结构及商品和服务进口结构，在需求结构中，美国个人消费占GDP的比重从2000年的66.04%增加到2015年的68.38%，整体上呈现逐渐上升的趋势；在供给结构中，美国制造业占GDP的比重略有下降，从2000年的33.42%下降到2015年的30.36%，说明美国制造业呈现萎缩的状态。将非耐用品的个人消费和产出相比较，可以发现非耐用品供不应求，美国需要借助于扩大进口来满足旺盛的需求。

表3.1 中、美两国供需结构表 （单位：%）

	美国				中国			
	个人消费		制造业		最终消费		第二产业	第三产业
		非耐用品		非耐用品		居民消费支出		
2000年	66.04	14.98	33.42	13.17	63.68	46.95	45.54	39.79
2001年	66.87	14.91	31.95	13.08	62.01	45.83	44.79	41.22
2002年	67.27	14.7	31.21	12.83	61.01	45.3	44.45	42.25
2003年	67.46	14.8	30.59	12.67	57.94	43.17	45.62	42.03
2004年	67.29	14.83	30.22	12.54	55.21	41.2	45.9	41.18
2005年	67.17	14.92	29.7	12.02	54.11	40.07	47.02	41.33
2006年	67.15	15.01	29.64	12.11	51.86	38.03	47.56	41.82
2007年	67.35	15.04	29.65	12.1	50.14	36.73	46.86	42.86
2008年	68.04	15.45	28.64	11.89	49.22	36.05	46.93	42.82
2009年	68.3	15.09	28.14	12.77	49.37	36.2	45.88	44.33
2010年	68.17	15.32	29.38	13.03	48.45	35.56	46.4	44.07
2011年	68.88	15.92	29.88	13.12	49.59	36.32	46.4	44.16
2012年	68.6	15.78	30.31	13.38	50.11	36.7	45.27	45.31
2013年	68.37	15.6	30.74	13.73	50.31	36.81	44.01	46.7
2014年	68.4	15.38	30.62	13.68	50.63	37.4	43.1	47.84
2015年	68.38	14.77	30.36	13.72	51.63	38.02	40.93	50.19

注：数据来源于ifind数据库，以上数据均用相应数据占国内生产总值的百分比表示。

同样观察表3.1,从消费和产业占国内生产总值的比重看中国的供需结构,近10年来,居民消费支出占国内生产总值的比重整体上呈现先降后升的趋势,自2010年以来,居民消费支出占比同比增长6%,达到38.02%;最终消费支出占比同比增长6.16%,达到51.63%,占国内生产总值一半之多,说明中国逐渐向消费型经济增长模式靠拢。将居民消费支出占比和美国消费支出占比进行比较,发现中国向真正的消费型经济增长模式转变还有一定的差距;另外,将居民消费支出占比和第二产业占比进行比较,发现自2003年以来,第二产业占比高于居民消费支出占比,供过于求,中国需要借助于扩大出口疏散过剩的产出。

将美国个人消费占GDP比重与中国社会消费品零售总额占GDP比重进行比较,如图3.1,美国个人消费占GDP的比重呈现趋升的状态,而中国社会消费品零售总额占GDP的比重呈现先降后升的状态,从数值上看,即使金融危机后中国社会消费品零售总额占GDP的比重大幅增加了22%,美国个人消费占GDP的比重依然远大于中国社会消费品零售总额占GDP的比重,从这点上看,美国依赖于消费型经济增长。

从以上分析可以看出,美国供需结构的脱节使其需要借助于进口满足旺

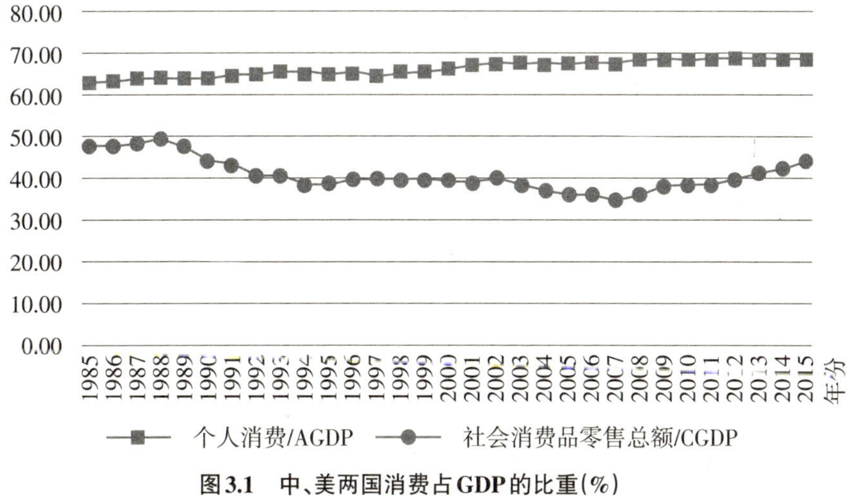

图3.1　中、美两国消费占GDP的比重(%)

注:美国消费占GDP比重经ifind数据整理所得,中国消费占GDP比重经《中国统计年鉴2015》整理所得。

盛的需求,而中国供需结构的脱节使其需要借助于出口疏散过剩的产出,从而形成了美国消费型经济增长模式、中国出口导向型经济增长模式。

二、美国经常账户持续逆差,而中国经常账户持续顺差

中美两国不对称经济增长模式体现在中美两国经常账户顺差/逆差状态。从经常账户上看,1990年来,美国经常账户一直处于逆差状态。从图3.2中可以看出,美国经常账户逆差于2006年达到峰值点7532.84亿美元,随后呈现先降后升的变化趋势;而中国经常账户除了1993年外均处于顺差状态,且其变化趋势类似于美国经常账户余额的变化趋势,呈现先升后降再升的状态,并于2015年达到近二十几年来的峰值点5946.23亿美元。

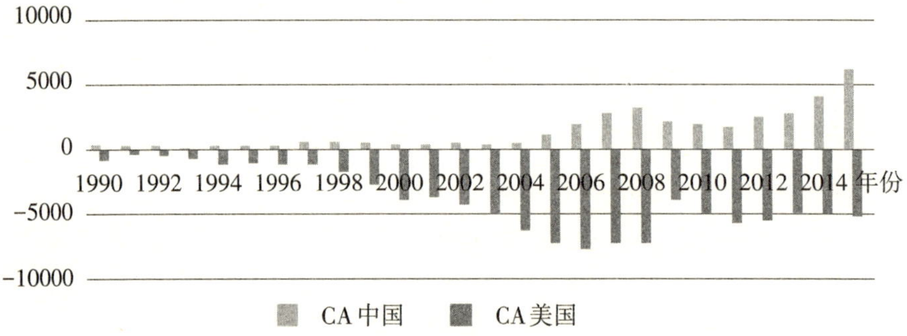

图3.2 中、美两国经常账户余额(亿美元)

注:数据经同花顺整理所得。

从以上分析可以看出,美国经常账户长期处于逆差状态,中国经常账户长期处于顺差状态,且中国经常账户顺差状态近几年来趋于扩大,此趋势的变化又进一步强化了中国对美元货币的依赖,中国出口导向型经济增长模式也随之强化。

第二节 美元定价特征事实

正如McKinnon & Schnabl(2004)所言,因为人民币和美元国际地位的

差异，中国和美国的贸易结算既不是简单的当地货币定价（LCP），也不是简单的卖方货币定价（PCP），而是美元定价。

一、美国具有发达的金融市场，且美元长期作为世界上最主要的储备货币，而人民币至今未实现资本项目下可自由兑换

在国际货币体系中，美元长期作为世界上最主要的储备货币，即使危机后依然如此。从美元在外汇储备中的比重看，美元在外汇储备中的比重呈现先升后降再升的变化，除了1995年外，其余年份的比重均保持在60%以上（见图3.3）。

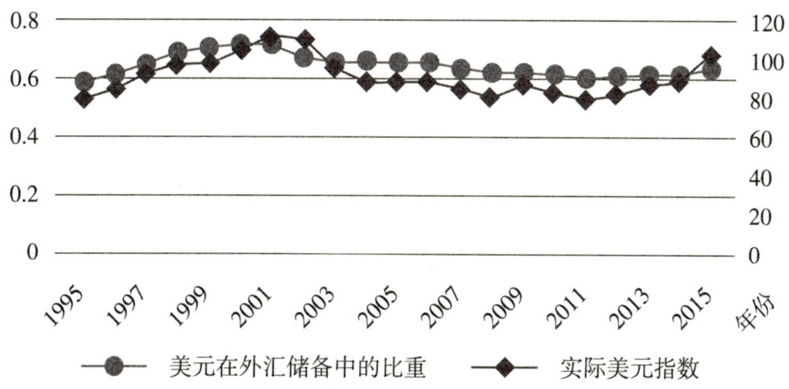

图3.3　美元在外汇储备中的比重(%)和美元指数

注：美元在外汇储备中的比重通过IMF数据整理所得，美元指数来源于同花顺。

从美元指数看，美元指数的变化趋势与美元在外汇储备中的比重的变化趋势具有一致性，同样体现为先升后降再升。从图3.3中可以看到，美元指数于2001年达到最高点112.23点，危机后，美元指数虽下降了一定幅度，但下降后的点位仍高于1995年的81.24点。另外，近5年来，美元指数呈现上升的趋势，从2011年的79.53点上升到2015年的102.89点，上升幅度达到29.37%。从美元指数的变化上看，美元仍拥有举足轻重的地位。

从外汇交易市场中主要货币的市场份额看，美元所占份额仍具有绝对优势。从表3.2中可以看出，美元所占份额变化趋势类似于美元在外汇储备中的比重和美元指数的趋势，先升后降再升。金融危机后，从比率上看，

美元所占份额具有一定的下降幅度，但下降幅度较小，仅为3.58%；从绝对值上看，美元所占份额均达到84%以上，且2016年上升到高于1995年份额水平，达到88%。从美元所占份额的变化趋势来看，美元在国际货币体系中仍具有绝对主导地位。

表3.2　1998—2016年外汇交易市场中主要货币的市场份额(%)

币种	USD	EUR	JPY	GBP	AUD	CHF	CAD	MXN	CNY
1998年	86.8	—	21.7	11.0	3.0	7.1	3.5	0.5	0.0
2001年	89.9	37.9	23.5	13.0	4.3	6.0	4.5	0.8	0.0
2004年	88.0	37.4	20.8	16.5	6.0	6.0	4.2	1.1	0.1
2007年	85.6	37.0	17.2	14.9	6.6	6.8	4.3	1.3	0.5
2010年	84.9	39.1	19.0	12.9	7.6	6.3	5.3	1.3	0.9
2013年	87.0	33.4	23.0	11.8	8.6	5.2	4.6	2.5	2.2
2016年	88	31	22	13	7	5	5	2	4

注：数据来源于BIS。

从以上分析可以看出，美元在国际货币体系中处于绝对主导地位，仍为世界上最主要的储备货币，而人民币至今没有实现资本项目下可自由兑换。人民币与美元国际地位的巨大落差使得中国和美国贸易结算既不是简单的当地货币定价(LCP)，也不是简单的卖方货币定价(PCP)，而是美元定价。

二、中美跨境贸易中结算货币大多使用美元，而人民币作为结算货币的金额有限

中美两国定价货币不对称体现在中美跨境贸易中结算货币的份额比。自2009年试点跨境贸易人民币结算业务以来，人民币贸易结算金额增长迅速(见图3.4)，但在中美跨境贸易结算货币中所占的份额较小，史龙祥、阮珍珍和强梦萍(2015)通过收集19946家企业2000—2012年的进口订单金额和比重，计算出此12年间进口行业以美元作为结算货币的比例介于87%—92%之间。

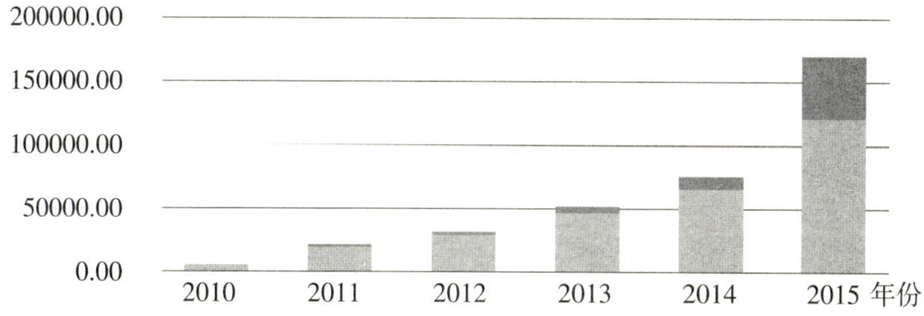

	2010	2011	2012	2013	2014	2015
■ 直接投资金额		1108.70	2840.20	5337.40	10485.80	48700.00
■ 总额	5063.40	20800.00	294400.00	46300.00	65500.00	121000.00

图3.4　跨境贸易人民币结算业务(亿元)

数据来源:中国人民银行《2010—2015年中国货币政策执行报告》。

从货币在跨境贸易结算中的使用占比看,近两年,人民币作为跨境贸易结算货币占比越来越大,从2011年的0.24%上升到2015年的2.45%,上升比例高达920.83%,居结算货币第五位,但与跨境贸易主要结算货币(包括欧元、美元、英镑、日元等)占比仍然具有较大差距。从表3.3中可以看出,跨境贸易最主要结算货币欧元和美元占比总和高达70%左右,且2015年美元占比是人民币占比的11.69倍。

表3.3　货币在跨境贸易结算中使用占比(%)

时间 货币	2011年10月	2012年1月	2012年8月	2012年9月	2012年10月	2012年11月	2012年12月	2013年1月	2013年2月	2013年9月	2014年1月	2014年9月	2015年9月
欧元	32.56	44.04	41.12	42.08	42.49	40.89	39.76	40.17	39.32	40.17	33.52	29.43	43.27
美元	29.32	29.73	32.64	31.12	31.18	31.08	33.34	33.48	33.89	33.48	38.75	42.93	28.63
英镑	7.04	9.00	8.93	8.98	8.84	8.59	8.68	8.55	8.39	8.55	9.37	8.59	9.02
日元	2.12	2.48	2.40	2.46	2.34	2.44	2.45	2.56	2.62	2.56	2.50	2.74	2.88
澳元	1.76	2.08	2.07	2.18	2.12	2.35	2.11	1.85	1.97	1.85	1.75	2.02	1.54
加元	1.64	1.81	1.85	1.88	1.91	1.88	1.97	1.80	2.08	1.80	1.80	2.78	1.81
瑞朗	1.04	1.36	1.75	1.83	1.86	1.77	1.91	1.83	2.05	1.83	1.38	1.40	1.62
俄罗斯卢布	0.32	0.52	0.63	0.61	0.63	0.64	0.67	0.56	0.68	0.56	0.40	0.38	—
人民币	0.24	0.25	0.53	0.51	0.42	0.56	0.57	0.63	0.59	0.63	1.39	1.72	2.45

续表

时间 货币	2011年10月	2012年1月	2012年8月	2012年9月	2012年10月	2012年11月	2012年12月	2013年1月	2013年2月	2013年9月	2014年1月	2014年9月	2015年9月
南非兰特	0.40	0.48	0.44	0.43	0.42	0.42	0.40	0.42	0.42	0.42	0.40	0.46	0.45

数据来源:2011年10月—2013年2月数据取于李建军、甄峰和崔西强《人民币国际化发展现状、程度测度及展望评估》;2013年9月—2015年9月数据整理于SWIFT研究报告。

从以上分析可以看出,美元作为跨境贸易最主要结算货币之一,相较于人民币,更易于被一国所接受。另外,基于我国官方对外经济数据及对外贸易审批通常以美元计价,这又进一步强化了中美两国定价货币不对称的事实。

第三节 不对称市场势力特征事实

美国是一个发达经济体,美国出口到中国的产品以技术密集型产品为主,在品牌、技术和服务等方面区别于中国和其他国家的产品,技术密集型产品生产要求高,其他国家很难得到其生产技术,美国在技术密集型产品市场上具有垄断定价权;而中国属于发展中国家,劳动力资源丰富,出口主要以劳动密集型产品为主,东南亚等国家出口情况也类似,因此在劳动密集型产品出口市场上,中国厂商面临众多的竞争者,产品垄断势力较小。因此,中美两国企业对产品定价权不同。

本节数据以《国际贸易标准分类(修订4)》(SITC)为统计基础,将产品分为劳动密集型、资本和技术密集型,劳动密集型产品包括SITC下第6类和第8类的所有章,资本和技术密集型产品包括第5类和第7类的所有章,数据来源为联合国商品贸易统计数据库(UN Comtrade)。

一、中美两国在出口产品类别的明显差别,使得产品定价权不同

本节选取中国和美国对外贸易排名前20位的各类商品,鉴于各个年份前20的产品的贸易额占各国总贸易额的比重均在50%左右,所以能很好体

现中美两国的主要贸易产品构成情况。(如表3.4、表3.5)

表3.4 美国出口贸易排名前20位的产品及出口占比情况

SITC编码	产品类别	2008年占比	SITC编码	产品类别	2012年占比	SITC编码	产品类别	2016年占比
792	飞机及相关设备、零件	5.54%	931	未分类特种交易和商品	8.73%	931	未分类特种交易和商品	11.21%
334	石油产品	3.99%	334	石油产品	6.64%	334	石油产品	4.41%
781	载人汽车	3.90%	781	载人汽车	3.53%	781	载人汽车	3.70%
776	半导体、晶体管、集成电路等	3.89%	784	汽车零配件	2.75%	764	电信设备	3.12%
931	未分类特种交易和商品	2.88%	764	电信设备	2.72%	784	汽车零配件	3.01%
764	电信设备	2.73%	776	半导体、晶体管、集成电路等	2.67%	776	半导体、晶体管、集成电路等	2.94%
784	汽车零配件	2.48%	971	非货币用黄金	2.37%	874	测量、检验、分析及控制用仪器和器械	2.10%
714	非电动发动机及零件	2.35%	874	测量、检验、分析及控制用仪器和器械	2.19%	541	医药品	1.90%
874	测量、检验、分析及控制用仪器和器械	2.28%	752	自动数据处理设备	1.80%	752	自动数据处理设备	1.67%
723	工程设备	1.85%	542	配制药剂	1.68%	542	配制药剂	1.66%

续表

SITC编码	产品类别	2008年占比	SITC编码	产品类别	2012年占比	SITC编码	产品类别	2016年占比
752	自动数据处理设备	1.83%	222	油籽及含油果实	1.66%	222	油籽及含油果实	1.65%
542	配制药剂	1.58%	723	工程设备	1.48%	872	医用仪器设备	1.63%
971	非货币用黄金	1.45%	872	医用仪器设备	1.39%	772	电路开关设备	1.60%
541	医药品	1.37%	772	电路开关设备	1.32%	728	特种工业专用机械设备及部件	1.60%
728	特种工业专用机械设备及部件	1.36%	728	特种工业专用机械设备及部件	1.31%	667	珍珠、宝石和半宝石	1.45%
772	电路开关设备	1.30%	782	货车及特殊用途车	1.28%	971	非货币用黄金	1.38%
872	医用仪器设备	1.30%	541	医药品	1.22%	778	电动机械设备	1.30%
598	杂项化学产品	1.28%	667	珍珠、宝石和半宝石	1.18%	598	杂项化学产品	1.29%
713	活塞内燃机及零件	1.26%	713	活塞内燃机及零件	1.17%	713	活塞内燃机及零件	1.18%
222	油籽及含油果实	1.25%	598	杂项化学产品	1.17%	759	办公设备零部件	1.10%

数据来源：联合国商品贸易统计数据库（UN Comtrade）。

表3.5　中国出口贸易排名前20位的产品及出口占比情况

SITC编码	产品类别	2008年占比	SITC编码	产品类别	2012年占比	SITC编码	产品类别	2016年占比
764	电信设备	8.90%	764	电信设备	9.55%	764	电信设备	11.53%
752	自动数据处理设备	7.38%	752	自动数据处理设备	7.98%	752	自动数据处理设备	5.96%
776	半导体、晶体管、集成电路等	2.99%	776	半导体、晶体管、集成电路等	3.97%	776	半导体、晶体管、集成电路等	4.20%
845	纺织制服装	2.76%	821	家具及零件、床上用品等	2.74%	821	家具及零件、床上用品等	2.65%
761	监视器和放映机	2.46%	851	鞋类	2.28%	778	电动机械设备	2.40%
894	婴儿车、玩具、游戏及体育用品	2.44%	778	电动机械设备	2.28%	851	鞋类	2.25%
778	电动机械设备	2.31%	845	纺织制服装	2.19%	894	婴儿车、玩具、游戏及体育用品	2.21%
759	办公设备零部件	2.24%	897	金银制品、珠宝等	1.99%	845	纺织制服装	2.12%
821	家具及零件、床上用品等	2.23%	871	光学仪器	1.92%	772	电路开关设备	1.87%
851	鞋类	2.08%	793	船、船舶	1.89%	775	家用电器及电动生活用品等	1.73%
871	光学仪器	1.68%	894	婴儿车、玩具、游戏及体育用品	1.86%	893	塑料制品	1.70%
772	电路开关设备	1.63%	772	电路开关设备	1.71%	842	非针织女装	1.66%
775	家用电器及电动生活用品等	1.59%	775	家用电器及电动生活用品等	1.58%	813	照明设备	1.50%

续表

SITC编码	产品类别	2008年占比	SITC编码	产品类别	2012年占比	SITC编码	产品类别	2016年占比
842	非针织女装	1.56%	893	塑料制品	1.54%	871	光学仪器	1.40%
751	办公设备	1.55%	759	办公设备零部件	1.49%	784	汽车零配件	1.36%
793	船、船舶	1.37%	844	针织女装	1.48%	761	监视器和放映机	1.35%
699	贱金属制品	1.24%	751	办公设备	1.38%	699	贱金属制品	1.27%
841	非针织男装	1.19%	761	监视器和放映机	1.35%	759	办公设备零部件	1.23%
679	钢管铁管	1.19%	842	非针织女装	1.26%	831	箱包袋	1.20%
771	电力机械及其配件	1.17%	831	箱包袋	1.25%	658	布料等纺制品	1.20%

数据来源:联合国商品贸易统计数据库(UN Comtrade)。

从直观的贸易结构来看,美国主要以飞机、汽车等运输设备、医药品、半导体等高附加值技术密集型产品出口和资源密集型产品出口为主,向国外输出技术、设备、服务等;而我国则集中于机电产品、家具、玩具、鞋、纺织品及原料等劳动密集型为主的低端产品出口。由此可见,虽然我国的贸易规模雄踞世界货物贸易之首,但在商品贸易结构、质量、核心技术以及服务贸易发展等方面,与美国相比仍然存在很大差距。中美企业在出口市场上对产品的垄断定价权不同。

观察表3.4和表3.5,美国资本和技术密集型产品占前20位产品的70%左右,劳动密集型占10%左右,2016年资本和技术密集型产品占前20位产品出口额的78%;而中国劳动密集型产品占前20位产品的55%左右,资本和技术密集型产品逐年增加。虽然目前中国资本密集型产品出口总额超过劳动密集型产品的出口总额,但以纺织服装等为主的劳动密集型产品仍然是中国具有国际竞争力的产品。并且,中国出口的工业制品多以机电产品为主,出口产品的附加值仍然偏低,技术含量与国外相比仍有较大差距,国际竞争力缺乏。而通信设备、自动数据处理设备以及光学仪器等高资本、高技术产品仍然需要依靠国外提供技术、设备进行加工制造出口。

在国际市场上，美国生产的产品技术含量高，与其功能相似的替代品较少，较高的生产技术门槛使得美国生产的资本、技术密集型产品与其他国家生产的产品差异性较大，美国企业拥有的市场势力也就越强。而中国相比美国而言，仍然保持劳动密集型产品出口的竞争力，在国际市场上，发达国家将劳动密集型产业转移到劳动力同样丰富的东南亚国家，中国与东南亚国家存在相当程度的竞争，替代品较多。同时劳动密集型产品的需求价格弹性较大，当出口厂商提价时，客户流向其他企业的概率很大，因此出口弹性大，拥有的市场势力较弱。

因此，美国的出口贸易结构主要以资本密集型和技术密集型产品出口为主，而中国的出口贸易结构在相当一段时间内仍将继续保持资本密集型和劳动密集型产品出口为主的局面，相比美国的贸易结构，中国出口的产品定价权较弱。

二、中美两国企业处在价值链不同端，市场势力不同

在国际分工市场上，中国等其他一些发展中国家参与国际产品分工的主要形式是加工贸易，而美国等发达国家的产品生产技术较成熟完善，拥有核心技术，加工贸易额占总贸易额的比例较低。基于全球价值链的国际市场势力在工序图中相应地呈现出倒U形的形状，即越往U形的两端，市场势力越大，越往U形的中间，厂商的市场势力越小。在位于两端的厂商的强大市场势力的作用下，位于中间生产环节的厂商受到不断的挤压，市场势力不断减弱。美国处于价值链两端，而中国仍然处于加工制造中间环节，处于价值链的不同端导致中美企业市场势力不对称。

本节根据2002年联合国新颁布的BEC分类方法，根据最终用途把贸易产品分为资本品、中间品（半成品和零配件）和消费品这三种类型。借鉴夏平（2007）对中间品的分类方式，本节将BEC分类下的21（未另归类的初级工业用品）、22（未另归类的加工工业用品）、31（初级燃料和润滑剂）、32（加工后的燃料和润滑剂，不包括汽油）这几类归为半成品，将42［资本货物（运输

设备除外)零配件]和53(运输设备零配件)这两类归为零配件。

从表3.6可知,2008—2016年,中国中间产品进口额大于美国,说明中国进口中间产品,从事加工贸易类产品较多,相比美国企业,中国处于全球价值链的两端。观察中国半成品和零部件的占比走势,半成品和零部件进口比重变化呈现明显的反向走势,半成品进口占比有下降的趋势,2008年占比51.59%,2016年占比46.54%,零部件进口占比有上升的趋势,2008年占比26.05%,2016年占比29.77%。说明中国的加工贸易结构在改善,从简单组装向稍有技术含量的装配发展,但是加工贸易占比仍然较大,市场势力仍较小。

表3.6 2008—2016年中国和美国中间产品进口占比情况(%)

年份	中国中间产品		美国中间产品	
	半成品	零部件	半成品	零部件
2008	51.59	26.05	44.77	12.64
2009	50.30	27.20	37.82	13.41
2010	51.14	25.87	39.31	13.95
2011	53.17	22.96	42.01	13.86
2012	51.68	23.26	40.04	14.60
2013	49.60	25.65	38.28	14.86
2014	49.45	24.06	36.96	15.31
2015	48.41	27.69	31.06	16.10
2016	46.54	29.77	29.76	18.32

数据来源及处理:半成品由BEC分类下的21、22、31、32加总得到,零部件由42和53加总得到,表中的占比数值是占产品总进口额的比例。

三、中国与东南亚国家出口竞争情况

中国与东南亚国家的经济发展模式相似,主要以出口劳动密集型产品为主,竞争主要在劳动力成本上展开。在经济全球化背景下,大量发展中国家进入了国际分工大潮，劳动密集型产品市场近乎形成完全竞争的局势。

中国和东南亚国家在地理位置、气候、经济发展阶段等方面都非常相似，从而导致在出口产品上也具有很大的相似性。在东南亚国家中，文莱以本国的天然气和石油等自然资源为国家经济支柱，在产品出口结构上与我国有差距，而越南、柬埔寨、缅甸和老挝在国家经济发展水品上与我国存在比较大的差距，若与中国进行贸易结构的比较，实在不具有实际意义。所以本节选取新加坡、印度尼西亚、马来西亚、泰国这四个东南亚国家，进行中国与这些国家之间贸易结构的相似性比较，分析中国和这四个东南亚国家在作为案例的美国市场上出口劳动密集型产品之间存在的竞争关系。

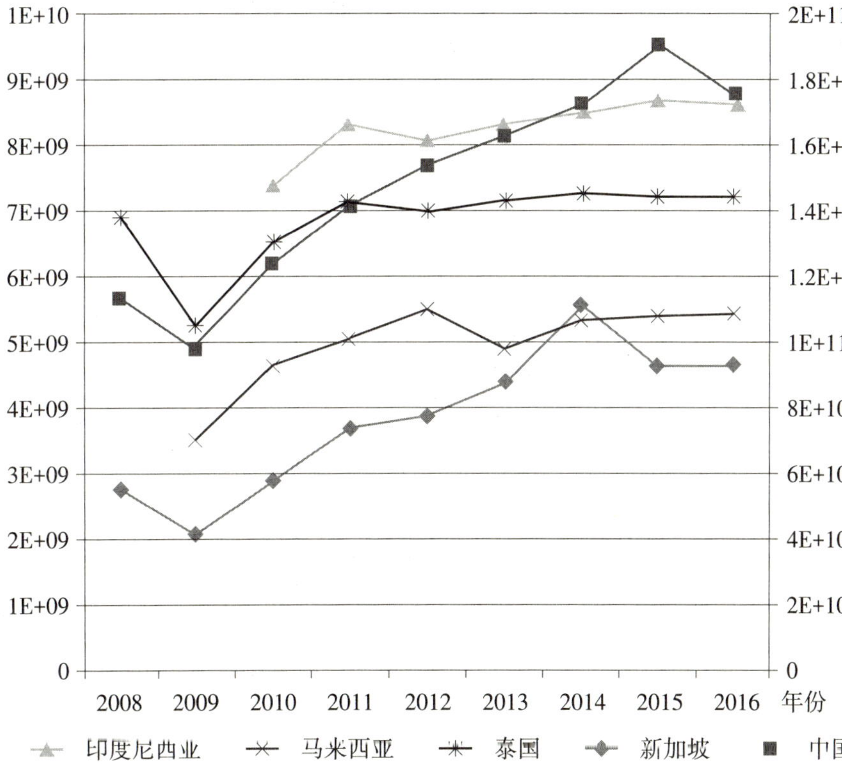

图 3.5　2008—2016 年美国市场上中国及东南亚四国劳动密集型产品贸易额（亿美元）

图3.5为中国与东南亚四国出口到美国市场上的劳动密集型产品的贸易额总量情况，其中印度尼西亚、马来西亚、泰国和新加坡的贸易额总量对应主坐标轴上的数据，中国贸易额数据对应次坐标轴上的数据。劳动密集型产品包括SITC6和SITC8，贸易额为中国和东南亚国家出口至美国的劳动密集型产品。从图3.5可直观看到，2008—2016年中国劳动密集型产品出口总额远超东南亚四国，并且中国贸易额增长速度较快。在美国市场上，相比东南亚四国，中国劳动密集型产品占比最大，说明中国该产品的市场势力最大，具有较大的竞争优势；并且中国与东南亚四国劳动密集型产品出口贸易额都保持增长趋势，不同年份均存在产品竞争。

表3.7 中国与东南亚四国对美国劳动密集型产品出口的增长情况（SITC6、SITC8）

年份	中国	马来西亚	印度尼西亚	泰国	新加坡
2009	-0.1349	—	—	-0.2377	-0.2498
2010	0.2646	0.3168	—	0.2420	0.4007
2011	0.1393	0.0836	0.1265	0.0908	0.2702
2012	0.0875	0.0891	-0.0312	-0.0184	0.0485
2013	0.0610	-0.1061	0.0290	0.0257	0.1347
2014	0.0591	0.0819	0.0269	0.0107	0.2646
2015	0.1054	0.0104	0.0185	-0.0058	-0.1680
2016	-0.0803	0.0090	-0.0094	0.0172	0.0141

表3.7是中国和东南亚四个国家出口到美国市场中的劳动密集型产品出口额同比增长情况。从表3.7可以看出，首先，中国劳动密集型产品出口额变化幅度相比马来西亚、印度尼西亚和泰国而言较大，同时新加坡劳动密集型产品出口额增幅较大。其次，中国的贸易增长幅度往往大于马来西亚、印度尼西亚和泰国，2011年、2012年、2013年、2015年中国大于这三个国家，当出口额同时增长时，中国产品在美国市场上对这三个国家的出口额产生竞争影响。并且，2015年中国出口额大幅增长，马来西亚和印度尼西亚出口

额增长幅度出现放缓的现象，而泰国和新加坡甚至出现负增长现象。总体来看，东南亚四国在个别年份出现增长幅度放缓甚至出现负增长现象，这很有可能是受到来自中国厂商的出口竞争影响，在出口至美国的劳动密集型产品市场上，中国和东南亚四国之间存在较大的竞争关系。

鉴于中国和东南亚国家在出口产品结构上具有一定的差异性，因此只通过比较它们的贸易总量和增长速度，并不能将竞争关系比较全面地反映出来。本节通过出口相似度指数(Export Similarity Index,ESI)来分析我国与东南亚四国在美国劳动密集型产品市场上的竞争程度。ESI指数下降说明我国与东南亚四国之间在第三市场上的专业化分工程度在上升，ESI指数上升说明竞争越来越激烈。计算ESI的指数公式如下：

$$ESI = \left[\sum_{i} \min\left(\frac{X_{au}^{i}}{X_{a}}, \frac{X_{bu}^{i}}{X_{b}}\right)\right] \times 100 \qquad (3\text{-}1)$$

式(3-1)中，X_{au}^{i}，X_{bu}^{i}分别表示a国和b国的i产品在美国市场上的出口额，X_a，X_b分别表示a国和b国对美国的所有产品的总出口额。本节根据公式测算中国与东南亚国家劳动密集型产品在美国市场上的竞争程度。如果a与b两国出口到美国市场的商品分布是完全相同的，那么ESI值为100；若完全不相同，那么ESI值为0。当ESI>50时，表示比较的两国之间出口产品相似度较高，存在明显的竞争关系。并且ESI值越高，两国产业结构或工业化发展水平越相似，两国向美国市场出口产品的竞争程度越高。

计算图3.6的ESI指数时，X_{au}^{i}，X_{bu}^{i}分别表示a国和b国的SITC6、SITC8分类下的两位数分类产品在美国市场上的出口额，X_a，X_b分别表示a国和b国对美国的所有产品的总出口额。由图3.6发现，中国与泰国、马来西亚、印度尼西亚的ESI指数都明显高于50，表明中国与这三个国家出口到美国市场的劳动密集型产品相似度很高，存在同类产品竞争大的现象。中国与泰国的出口产品相似度尤其高，2016年中国与泰国的ESI指数为73.89，说明中国与泰国在对美国出口的劳动密集型产品中，有73.89%以上的产品是相同的，两个国家之间存在非常相似的出口贸易结构，竞争激烈。中国与马来西亚的ESI指数逐年上升，在产品市场上竞争加大。

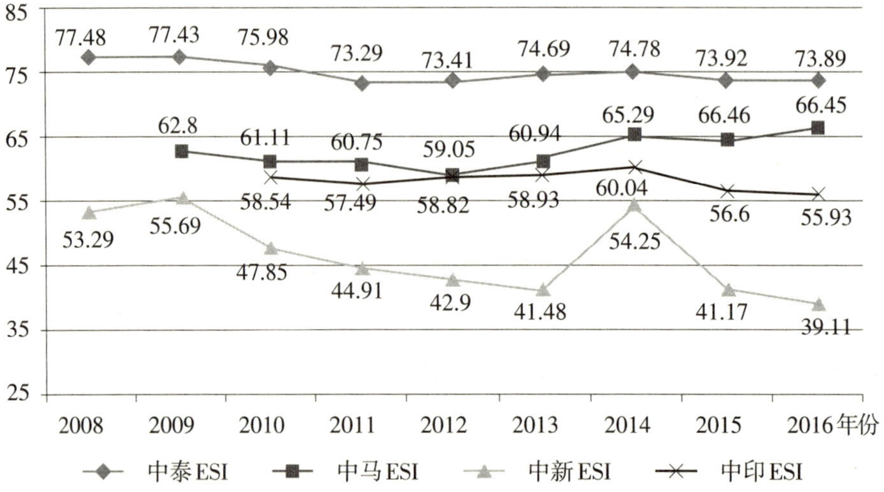

图3.6 中国与部分东南亚国家的劳动密集型产品在美国市场的ESI指数

东南亚四国与中国之间的资源密集型产品在美国市场上的相似度呈现两个梯队，泰国、马来西亚和印度尼西亚与中国资源密集型产品的相似度明显要高于新加坡，新加坡与中国的出口产品相似度最低。

第四章 不对称国际经济体系下人民币均衡汇率模型建立

正如引言所述，为了研究不对称国际经济体系条件下的人民币均衡汇率，本书的理论模型实际上由三个假设条件逐步放松的模型构成，其中第一个模型考虑经济增长模式不对称，第二个模型在第一个模型的基础上引入定价货币不对称，第三个模型则在第二个模型的基础上引入市场势力不对称。

第一节　不对称经济增长模式下人民币均衡汇率模型

本节所建立的人民币均衡汇率模型是通过求解NOEM框架下的跨期(两期)消费者效用函数和购买力平价成立下的价格合成公式得到的。具体如下：

一、假设条件

(1)假设世界由中国和美国两个国家组成，国家中的每个居民集生产者和消费者于一体，理性生产、理性消费。

(2)每个居民对消费、所持实际货币余额和劳动付出具有同样的偏好和约束条件，其中消费和所持实际货币余额与居民效用成正比，而劳动付出与居民效用成反比。

(3)两国仅在t期和$t+1$期两期生产产品,并将所生产产品分为进口品和本国居民消费品两类。

(4)两个国家的居民持有各自国家的货币,在消费进口品和本国居民消费品时按照效用水平最大化的原则进行选择。

(5)生产产品时,劳动是唯一的要素投入。

(6)复合品合成原则:以复合消费品为例,本国居民的复合消费品为一定比重的本国产品和一定比重的进口产品,且本国产品和进口产品的总比重为1。

二、模型建立

以中国为例,假定C为本国居民的复合消费量,M/P为本国居民的实际货币余额持有量,L为本国居民生产所付出的劳动力,φ,x,ϕ分别为本国居民复合消费量、实际货币余额持有量、生产所付出的劳动力的效用弹性,A为全要素生产率,NX_F为本国居民消费的进口品,C_H为本国居民消费的本国产品,$P_F{}^*$为本国居民消费进口品的价格,P_H为本国居民消费本国产品的价格,β为居民的时间偏好。

根据假设条件(2),本文将本国居民的效用函数定义为$\bar{U}=C^{\varphi}\left(M/P\right)^{x}L^{-\phi}$。

根据假设条件(5),本文将居民的生产函数定义为$Y=AL$。

根据假设条件(6),本文将居民的消费函数定义为$C=C_H^{\alpha}NX_F^{1-\alpha}$,将居民的价格函数定义为$P=P_H^{\gamma}NX_F^{*1-\gamma}$。

将生产函数和消费函数代入到本国居民的效用函数中,并取对数,则:

$U_t=\alpha_t\varphi\ln C_{H,t}\left(1-\alpha_t\right)\varphi\ln NX_{F,t}+x\ln M_t-x\ln P_t-\phi\ln Y_t+\phi\ln A_t$,

则跨期效用函数为

$$\begin{aligned}U&=U_t+\beta_tU_{t+1}\\&=\alpha_t\varphi\ln C_{H,t}+\left(1-\alpha_t\right)\varphi\ln NX_{F,t}+x\ln M_t-x\ln P_t-\phi\ln Y_t+\phi\ln A_t+\\&\quad\beta_t\alpha_{t+1}\varphi\ln C_{H,t+1}+\beta_t\left(1-\alpha_{t+1}\right)\varphi\ln NX_{F,t+1}+\beta_tx\ln M_{t+1}-\beta_tx\ln P_{t+1}-\\&\quad\beta_t\phi\ln Y_{t+1}+\beta_t\phi\ln A_{t+1}\end{aligned}\tag{4-1}$$

对于居民的约束条件，本节假定居民当期的货币余额为上期结存的货币余额、上期外汇资产的本利收入与当期生产产品的收入之和，扣除当期居民消费的本国产品量和进口产品量、当期购买的外汇资产量及当期的税收支出，则居民的当期的预算约束为 $M_t = (1 + r_{t-1})F_{t-1} + M_{t-1} + W_tL_t - P_{H,t}C_{H,t} - P^*_{F,t}NX_F - F_t - T_t$。

而居民的生产函数为 $Y = AL$，

则跨期预算约束为

$$M_t + \beta_t M_{t+1} = (1 + r_{t-1})F_{t-1} + M_{t-1} + W_t \frac{Y_t}{A_t} - P_{H,t}C_{H,t} - P^*_{F,t}NX_{F,t} - F_t - T_t + \beta_t(1 + r_t)F_t + \beta_t M_t + \beta_t W_{t+1}\frac{Y_{t+1}}{A_{t+1}} - \beta_t P_{H,t+1}C_{H,t+1} - \beta_t P^*_{F,t+1}NX_{F,t+1} - \beta_t F_{t+1} - \beta_t T_{t+1} \tag{4-2}$$

对于外部均衡条件，本节根据经常账户余额符合经济理性原则来定义外部均衡条件，而经常账户余额是否符合经济理性原则又取决于不同的经济增长模式。对于中国来说，无论为了发展经济还是为了保持金融体系的稳定，都有必要维持经常账户的适当顺差，为此，本节以经常账户余额在总产出中的合理比例作为外部均衡的标志，即

$$(F_{t+1} - F_t)P_t = \lambda P_t Y_t \tag{4-3}$$

其中，λ 表示经常账户余额占总产出的合理比例。

则由居民效用最大化条件可得(具体推导见附录1)：

$$P_{H,t} = \frac{\alpha_t \phi Y_t \left\{ \frac{W_t}{A_t} + \lambda\left[1 - \beta_t(1 + \gamma_t)\right]\right\}}{\phi C_{H,t}} \tag{4-4}$$

$$P^*_{F,t} = \frac{(1 - \alpha_t)\phi Y_t \left\{ \frac{W_t}{A_t} + \lambda\left[1 - \beta_t(1 + \gamma_t)\right]\right\}}{\phi NX_{F,t}} \tag{4-5}$$

同理，由美国居民效用最大化的一阶条件可得：

$$P_{F,t} = \frac{\alpha^*_t \phi Y^*_t \left\{ \frac{W^*_t}{A^*_t} + \lambda^*\left[1 - \beta^*_t(1 + \gamma^*_t)\right]\right\}}{\phi C^*_{F,t}} \tag{4-6}$$

$$P_{H,t}^{*}=\frac{\left(1-\alpha_t^{*}\right)\phi Y_t^{*}\left\{\frac{W_t^{*}}{A_t^{*}}+\lambda^{*}\left[1-\beta_t^{*}\left(1+\gamma_t^{*}\right)\right]\right\}}{\phi NX_{H,t}} \tag{4-7}$$

又因购买力平价成立，则有$S=\frac{P}{P^{*}}=\frac{P_H^{\gamma}P_F^{*1-\gamma}}{P_H^{\gamma^{*}}P_H^{*1-\gamma}}$，将式(4-4)、式(4-5)、式(4-6)、式(4-7)代入到购买力平价等式中，得：

$$S=\frac{\alpha^{\gamma}\left(1-\alpha\right)^{1-\gamma}\left\{\frac{W}{A}+\lambda\left[1-\beta\left(1+\gamma\right)\right]\right\}YC_F^{\gamma^{*}}NX_H^{1-\gamma^{*}}}{\alpha^{*\gamma^{*}}\left(1-\alpha^{*}\right)^{1-\gamma^{*}}\left\{\frac{W^{*}}{A^{*}}+\lambda\left[1-\beta\left(1+\gamma^{*}\right)\right]\right\}YC_F^{\gamma}NX_H^{1-\gamma}} \tag{4-8}$$

式(4-8)为不对称经济增长模式下的人民均衡汇率表达式。

第二节　引入美元定价后人民币均衡汇率模型

本节所建立的人民币均衡汇率模型是在上节模型的基础上引入货币定价不对称条件，即美元定价条件，通过求解NOEM框架下的跨期(两期)消费者效用函数和双边外部实际汇率公式得到。具体如下：

一、假设条件

此小节的假设条件在上节假设的基础上增加如下假设：

(1)两国仅在t期和$t+1$期两期生产产品，并将所生产产品分为贸易品和非贸易品。

(2)两个国家的居民持有各自国家的货币，在消费贸易品和非贸易品时按照效用水平最大化的原则进行选择。

(3)复合品合成原则：以复合消费品为例，本国居民的复合消费品为一定比重的本国贸易品、非贸易品和一定比重的进口贸易品，且贸易品与非贸易品的总比重为1。

(4)基于本文建立的是定价货币不对称(即美元定价环境)人民币均衡汇率模型，对于美国贸易品来说，有$P_F=SP_F^{*}$；而对中国贸易品来说，因美元定价使得$P_H \neq SP_H^*$，从而$P \neq SP^*$。即一价定律只对美国贸易品成立，而对中国贸易品不成立，这也导致了购买力平价不成立。

（5）本文采用的汇率为双边外部实际汇率：$q = S\dfrac{P^*}{P}$。

二、模型建立

在建立模型以前，此节首先假定所用到变量的含义：C为中国居民的复合消费量；C_T为中国居民消费的贸易品总量，包括本国贸易品和美国贸易品；C_H为中国居民消费的本国贸易品；C_F为中国居民消费的美国贸易品；C_N为中国居民消费的非贸易品；P_T，P_H，P_F，P_N为价格指数，分别对应上述中国居民消费的贸易品总量、中国贸易品消费量、美国贸易品消费量和中国非贸易品；M/P为中国居民的实际货币余额持有量，L为中国居民生产所付出的劳动力，φ，x，ϕ分别为中国居民复合消费量、实际货币余额持有量、生产所付出的劳动力的效用弹性，A为全要素生产率，β为居民的时间偏好。

本节所使用的居民效用函数和生产函数与上节保持一致性。另外，根据假设条件（3），本文将居民的消费函数定义为

$$C = C_T^{\gamma} C_N^{1-\gamma} = \left(C_H^{\alpha} C_F^{1-\alpha}\right)^{\gamma} C_N^{1-\gamma} \tag{4-9}$$

对应的，将居民的价格函数定义为

$$P = P_T^{\gamma} P_N^{1-\gamma} = \left(P_H^{\alpha} P_F^{1-\alpha}\right)^{\gamma} P_N^{1-\gamma} \tag{4-10}$$

美国变量用“*”表示，效用函数、生产函数、消费函数和价格函数类似于中国。将中国的生产函数和消费函数代入到中国居民的效用函数中，并取对数，则：$U_t = \varphi\alpha_t\gamma_t \ln C_{H,t} + \varphi\left(1-\alpha_t\right)\gamma_t \ln C_{F,t} + \varphi\left(1-\gamma_t\right)\ln C_{N,t} + x\ln M_t - x\ln P_t - \phi\ln Y_t + \phi\ln A_t$。

则中国居民的跨期效用函数为

$$\begin{aligned} U &= U_t + \beta_t U_{t+1} \\ &= \varphi\alpha_t\gamma_t \ln C_{H,t} + \varphi\left(1-\alpha_t\right)\gamma_t \ln C_{F,t} + \varphi\left(1-\gamma_t\right)\ln C_{N,t} + x\ln M_t - x\ln P_t - \\ &\quad \phi\ln Y_t + \phi\ln A_t + \beta_t\varphi\alpha_{t+1}\gamma_{t+1}\ln C_{H,t+1} + \beta_t\varphi\left(1-\alpha_{t+1}\right)\gamma_{t+1}\ln C_{F,t+1} + \\ &\quad \beta_t\varphi\left(1-\gamma_{t+1}\right)\ln C_{N,t+1} + \beta_t x\ln M_{t+1} - \beta_t x\ln P_{t+1} - \beta_t\phi\ln Y_{t+1} + \end{aligned}$$

$$\beta_t\phi\ln A_{t+1} \tag{4-11}$$

同理，美国居民的跨期效用函数为

$$\begin{aligned}U^* &= U_t^* + \beta_t^* U^* \\ &= \varphi\alpha_t\gamma_t\ln C_{H,t}^* + \varphi(1-\alpha_t)\gamma_t\ln C_{F,t}^* + \varphi(1-\gamma_t)\ln C_{N,t}^* + x\ln M_t^* - x\ln P_t^* \\ &\quad -\phi\ln Y_t^* + \phi\ln A_t^* + \beta_t^*\varphi\alpha_{t+1}\gamma_{t+1}\ln C_{H,t+1}^* + \beta_t^*\varphi(1-\alpha_{t+1})\gamma_{t+1}\ln C_{F,t+1}^* \\ &\quad \beta_t^*\varphi(1-\gamma_{t+1})\ln C_{N,t+1}^* + \beta_t^* x\ln M_{t+1}^* - \beta_t^* x\ln P_{t+1}^* - \beta_t^*\phi\ln Y_{t+1}^* + \\ &\quad \beta_t^*\phi\ln A_{t+1}^*\end{aligned} \tag{4-12}$$

对于中国居民的预算约束条件，本章假定居民当期的货币余额为上期结存的货币余额、上期外汇资产的本利收入与当期生产产品的收入之和扣除当期居民消费的本国贸易品量和非贸易品量及美国进口贸易品量、当期购买的外汇资产量及当期的税收支出，则中国居民当期的预算约束为 $M_t = (1+r_{t-1})F_{t-1} + M_{t-1} + W_tL_t - P_{H,t}C_{H,t} - P_{N,t}C_{N,t} - P_{F,t}C_{F,t} - F_t - T_t$。

其中，M 为中国居民持有的名义货币余额持有量，W 为名义工资，T 为税收，F 为可交易的外汇资产，γ 为外汇资产的实际利率。

又 $Y = AL$，则中国居民的跨期预算约束为

$$\begin{aligned}M_t + \beta_t M_{t+1} &= (1+\gamma_{t-1})F_{t-1} + M_{t-1} + W_t\frac{Y_t}{A_t} - P_{H,t}C_{H,t} - P_{N,t}C_{N,t} - P_{F,t}C_{F,t} \\ &\quad -F_t - T_t + \beta_t(1+\gamma_t)F_t + \beta_t W_{t+1}\frac{Y_{t+1}}{A_{t+1}} - \beta_t P_{H,t+1}C_{H,t+1} - \\ &\quad \beta_t P_{N,t+1}C_{N,t+1} - \beta_t P_{F,t+1}C_{F,t+1} - \beta_t F_{t+1} - \beta_t T_{t+1}\end{aligned} \tag{4-13}$$

对于美国居民的预算约束条件，由于本文引入了不对称的定价货币机制，美国贸易品满足一价定律，则美国居民当期预算约束为 $M_t^* = (1+r_{t-1})F_{t-1}^* + M_{t-1}^* + W_t^*L_t^* - P_{H,t}C_{H,t} - P_{N,t}^*C_{N,t}^* - \frac{P_{F,t}}{S}C_{F,t}^* - F_t^* - T_t^*$。

其中，S 为名义汇率，其他变量的含义类似于中国。

同样，美国的生产函数为 $Y^* = A^*L^*$，则美国居民的跨期预算约束为

$$\begin{aligned}M_t^* + \beta_t^* M_{t+1}^* &= (1+r_{r-1}^*)F_{t-1}^* + M_{t-1}^* + W_t^*\frac{Y_t^*}{A_t^*} - P_{H,t}C_{H,t} - P_{N,t}^*C_{N,t}^* - \\ &\quad \frac{P_{F,t}}{S}C_{F,t}^* - F_t^* - T_t^* + \beta_t^*(1+r_t^*)F_t^* + \beta_t^* M_t^* + \beta_t^* W_{t+1}^*\frac{Y_{t+1}^*}{A_{t+1}^*}\end{aligned}$$

$$-\beta_t^* P_{H,t+1} C_{H,t+1} - \beta_t^* P_{N,t+1}^* C_{N,t+1}^* - \beta_t^* \frac{P_{F,t+1}}{S} C_{F,t+1}^* - \beta_t^* F_{t+1}^*$$

$$-\beta_t^* T_{t+1}^* \tag{4-14}$$

外部均衡条件同第一节：

$$F_{t+1} - F_t = \lambda Y_t \tag{4-15}$$

$$F_{t+1}^* - F_t^* = \lambda^* Y_t^* \tag{4-16}$$

其中，λ 表示中国经常账户余额占总产出的合理比例，λ^* 表示美国经常账户余额占总产出的合理比例。

则由居民效用最大化条件可得（具体推导见附录2）：

$$P_{H,t} = \frac{\varphi \alpha_t \gamma_t Y_t \left\{ W_t + \lambda A_t \left[1 - \beta_t \left(1 + r_t \right) \right] \right\}}{\phi A_t C_{H,t}} \tag{4-17}$$

$$P_{N,t} = \frac{\varphi \left(1 - \gamma_t \right) Y_t \left\{ W_t + \lambda A_t \left[1 - \beta_t \left(1 + r_t \right) \right] \right\}}{\phi A_t C_{N,t}} \tag{4-18}$$

$$P_{H,t}^* = \frac{\varphi \alpha_t \gamma_t Y_t^* \left\{ W_t^* + \lambda^* A^* \left[1 - \beta_t^* \left(1 + r_t^* \right) \right] \right\}}{\phi A_t^* C_{N,t}^*} \tag{4-19}$$

$$P_{F,t} = \frac{S \varphi \left(1 - \alpha_t \right) \gamma_t Y_t^* \left\{ W_t^* + \lambda^* A_t^* \left[1 - \beta_t^* \left(1 + r_t^* \right) \right] \right\}}{\phi A_t^* C_{F,t}^*} \tag{4-20}$$

$$P_{N,t}^* = \frac{\varphi \left(1 - \gamma_t \right) Y_t^* \left\{ W_t^* + \lambda^* A_t^* \left[1 - \beta_t^* \left(1 + r_t^* \right) \right] \right\}}{\phi A_t^* C_{N,t}^*} \tag{4-21}$$

将式（4-17）至式（4-21）带入双边外部实际汇率$q = S\dfrac{P^*}{P}$中，得：

$$q = \frac{\left\{ W^* + \lambda^* A^* \left[1 - \beta^* \left(1 + r^* \right) \right] \right\}^{-\gamma + \alpha\gamma} S^{1-\gamma+\alpha\gamma} L^{*\alpha\gamma+1-\gamma} C_H^{\alpha\gamma} C_N^{1-\gamma}}{\left\{ W + \lambda A \left[1 - \beta \left(1 + r \right) \right] \right\}^{1-\gamma+\alpha\gamma} L^{\alpha\gamma+1-\gamma} C_H^{*\alpha\gamma} C_N^{*1-\gamma}} \tag{4-22}$$

式（4-22）为定价货币不对称下的人民币均衡汇率表达式。

第三节　引入不对称市场势力后均衡汇率模型

本节在第二节的基础上引入不对称市场势力以更加科学地建立均衡汇

率函数表达式。

一、假设条件

(1)假定世界由中国、美国和东南亚国家组成,每个居民既是消费者又是生产者,理性生产、理性消费。

(2)中国仅对美国有进出口贸易,而美国从中国和东南亚国家进口,仅出口到中国。

(3)美国厂商在出口市场上市场势力大于中国厂商,美国厂商面临垄断市场,而中国面临完全竞争市场。

(4)劳动是生产过程中所需要的唯一要素,不考虑资本。

(5)国内外居民有相同的效用函数。

(6)复合品合成原则:以复合消费品为例,本国居民的复合消费品为一定比重的本国贸易品、非贸易品和一定比重的进口贸易品,且贸易品与非贸易品的总比重为1。

(7)贸易市场上定价货币不对称,一价定律对美国产品成立,对中国产品不成立,购买力平价不成立。

二、变量定义

为使推导过程更加清晰,首先对各变量的经济含义进行说明(见表4.1)。

表4.1　各变量经济含义

C	中国居民的复合消费量	C_T	中国居民消费的贸易品总量
C_H	中国居民消费本国贸易品的量	C_F	中国居民消费美国贸易品的量
C_N	中国居民消费国内非贸易品的量	P_T	中国居民消费的贸易品价格指数
P_H	中国居民消费国内贸易品的价格指数	P_F	中国居民消费美国贸易品的价格指数
P_N	中国居民消费中国非贸易品的价格指数	M/P	中国居民的实际货币余额持有量
L	中国居民生产所付出的劳动力	φ	中国居民复合消费量的效用弹性

续表

χ	实际货币余额持有量的效用弹性	φ	生产所付出的劳动力的效用弹性
A	全要素生产率	β	居民的时间偏好

注:右上角带*的变量是相应的美国变量。

三、模型推导

如前所述,不同的市场势力会形成不同的定价策略。本节因此首先详细分析中美两国厂商分别所采取的定价策略,然后以此为基础推导均衡汇率表达式。

(一)不同市场势力下厂商不同的定价策略

假设一个关于商品的闭联集[0,1],对于每一种商品$j\in[0,1]$,其消费指数为$C(j)$,总消费指数通过下面的公式得出:$C=\left[\int_0^1 C(j)^{\frac{\eta-1}{\eta}}\mathrm{d}j\right]^{\frac{\eta}{\eta-1}}$。

根据中国和美国出口产品价格都采用美元定价的假设,可得中国出口部门的价格指数为

$$P_H^*=\left[\int_0^1 (p^*{}_H(i))^{1-\theta}\mathrm{d}i\right]^{\frac{1}{1-\theta}} \tag{4-23}$$

美国出口部门的价格指数为

$$P_F=\left[\int_1^2 (p_F(i))^{1-\theta}\mathrm{d}i\right]^{\frac{1}{1-\theta}} \tag{4-24}$$

从而可得出国内及国外经济体对某一产品的需求函数:

$$c_H*(i)=\left[\frac{p_H^*(i)}{P_H*}\right]^{-\theta}C_H^* \tag{4-25}$$

$$c_F(i)=\left[\frac{p_F(i)}{P_F}\right]^{-\theta}C_F \tag{4-26}$$

国内外厂商生产函数分别为$y_i=Al_i$,$y_i^*=A^*l_i^*$。

不对称市场势力体现在中美两国厂商对出口贸易品的定价策略不同。

第三章已经分析了美国市场势力大于中国，而中国在出口市场上面临东南亚国家的出口竞争，共同分割市场份额。而美国厂商在出口市场上，具有垄断势力，是垄断厂商，市场势力大，美国厂商根据利润最大化原则确定产品的定价策略，具体过程如下：

$$\pi = p_F(i)y_i^* - W^*l_i^* = p_F(i)c_F(i) - W^*c_F(i)$$

$$= p_F(i)\left(\frac{p_F(i)}{P_F}\right)^{-\theta} C_F - W^*\left(\frac{p_F(i)}{P_F}\right)^{-\theta} C_F$$

$$\frac{\partial \pi}{\partial p_F(i)} = c_F(i) + p_F(i)\frac{-\theta}{p_F(i)}c_F(i) - \frac{W*}{A*}\frac{-\theta}{p_F(i)}c_F(i) \tag{4-27}$$

得到：

$$p_F(i) = \frac{\theta}{\theta - 1}\frac{W^*}{A^*} \tag{4-28}$$

所以美国出口部门的价格指数为

$$P_F = \frac{\theta}{\theta - 1}\frac{W^*}{A^*} \tag{4-29}$$

模型中不对称市场势力的引入使得中国厂商不同于美国厂商的产品定价策略，这一点显著区别于目前关于NOEM的研究。不对称市场势力使得中美两国在出口产品价格制定上有差异。对于中国厂商而言，出口产品面临东南亚发展中国家厂商的竞争，在该竞争结构中，中国的厂商具备某种程度的领导者地位，其他东南亚国家则是跟随者。为此，本文通过一个领导者—跟随者博弈模型来分析中国厂商的定价策略。假设对于中国厂商给出的商品j的价格为$p(j)$，其他东南亚国家厂商根据利润最大化原则确定其最优产量为函数$f(p(j))$，则中国厂商的产量将为$C(j)-f(p(j))$，中国厂商根据其利润最大化确定出口价格。

$$\pi = P_H^*(i)y_i - Wl_i = P_H^*(i)\left[C_H^*(i) - f\left(P_H^*(i)\right)\right] - Wl_i$$

$$= p_H^*(i)\left[\left[\frac{p^*_H(i)}{p_H^*}\right]^{-\theta} C_H^* - f\left(p_H^*(i)\right)\right] - \frac{W}{A}\left[\frac{p^*_H(i)}{P_H^*}\right]^{-\theta} C_H^* \tag{4-30}$$

$$\frac{\partial \pi}{\partial p_H^*(i)} = c_H^*(i) - f\left(p_H^*(i)\right) + p_H^*(i)\left[\frac{-\theta c_H^*(i)}{p_H^*(i)} - f'\left(p_H^*(i)\right)\right] - \frac{W}{A}\frac{-\theta c_H^*}{p_H^*(i)} \tag{4-31}$$

所以可得：

$$p_H{}^*(i)=\frac{\theta}{\theta-1}\frac{W}{A}-\frac{f\left(p_H{}^*(i)\right)+p_H{}^*(i)f'\left(p_H{}^*(i)\right)}{(\theta-1)c_H{}^*(i)} \tag{4-32}$$

由此可见，出口市场上中国市场势力小，产品定价低于美国产品。

所以中国出口部门的价格指数为

$$P_H{}^*=\frac{\theta}{\theta-1}\frac{W}{A}-H \tag{4-33}$$

（二）不对称市场势力下的均衡汇率

本书认为居民的消费、实际货币余额以及居民付出的劳动这三个变量会影响效用函数表达式，并且认为居民消费产品、持有货币对效用的影响是正向的，而居民付出的劳动对效用的影响是负向的。并且本国和外国的每个居民都具有相同的效用函数：

$$U=C^{\phi}\left(\frac{M}{P}\right)^{\chi}L^{-\varphi} \tag{4-34}$$

其中ϕ表示两国居民消费复合商品的效用弹性，x表示两国居民实际货币余额的效用弹性，ϕ表示两国居民劳动付出的效用弹性。

国内厂商的生产函数：

$$Y=AL \tag{4-35}$$

国内居民的消费函数：

$$C=C_T^{\gamma}C_N^{1-\gamma}=\left(C_H^{\alpha}C_F^{1-\alpha}\right)^{\gamma}C_N^{1-\gamma} \tag{4-36}$$

国内居民的价格函数：

$$P=P_T^{\gamma}P_N^{1-\gamma}=\left(P_H^{\alpha}P_F^{1-\alpha}\right)^{\gamma}P_N^{1-\gamma}=\left[P_H{}^{\alpha}\left(\frac{\theta}{\theta-1}\frac{W^*}{A^*}\right)^{1-\alpha}\right]^{\gamma}P_N{}^{1-\gamma} \tag{4-37}$$

将中国的生产函数、消费函数代入居民的效用函数中，取对数得到：

$$U_t=\phi\alpha_t\gamma_t\ln C_{H,t}+\phi(1-\alpha_t)\gamma_t\ln C_{F,t}+\psi(1\quad\gamma_t)\ln C_{N,t}+\chi\ln M_t-\chi\ln P_t-\varphi\ln Y_t+\varphi\ln A_t \tag{4-38}$$

则中国居民的跨期效用函数为

$$U = U_t + \beta_t U_{t+1}$$
$$= \phi\alpha_t\gamma_t \ln C_{H,t} + \phi(1-\alpha_t)\gamma_t \ln C_{F,t} + \phi(1-\gamma_t)\ln C_{N,t} + \chi \ln M_t - \chi \ln P_t - \varphi \ln Y_t + \varphi \ln A_t + \beta_t \phi\alpha_{t+1}\gamma_{t+1}\ln C_{H,t+1} + \beta_t\phi(1-\alpha_{t+1})\gamma_{t+1}\ln C_{F,t+1} + \beta_t\phi(1-\gamma_{t+1})\ln C_{N,t+1} + \beta_t\chi\ln M_{t+1} - \beta_t\chi\ln P_{t+1} - \beta_t\varphi\ln Y_{t+1} + \beta_t\varphi\ln A_{t+1} \quad (4\text{-}39)$$

同理,美国居民的跨期效用函数为

$$U^* = U_t^* + \beta_t^* U_{t+1}^*$$
$$= \phi\alpha_t\gamma_t \ln C_{H,t}^* + \phi(1-\alpha_t)\gamma_t \ln C_{F,t}^* + \phi(1-\gamma_t)\ln C_{N,t}^* + \chi \ln M_t^* - \chi \ln P_t^* - \varphi \ln Y_t^* + \varphi \ln A_t^* + \beta_t^* \phi\alpha_{t+1}\gamma_{t+1}\ln C_{H,t+1}^* + \beta_t^*\phi(1-\alpha_{t+1})\gamma_{t+1}\ln C_{F,t+1}^* + \beta_t^*\phi(1-\gamma_{t+1})\ln C_{N,t+1}^* + \beta_t^*\chi\ln M_{t+1}^* - \beta_t^*\chi\ln P_{t+1}^* - \beta_t^*\varphi\ln Y_{t+1}^* + \beta_t^*\varphi\ln A_{t+1}^* \quad (4\text{-}40)$$

对于中国居民的预算约束条件,本章节假定居民当期的货币余额为上期结存的货币余额、上期外汇资产的本利收入与当期生产产品的收入之和,扣除当期居民消费的本国贸易品额和非贸易品额及美国进口贸易品额、当期购买的外汇资产及当期的税收支出,则中国居民当期的预算约束为

$$M_t = (1+r_{t-1})F_{t-1} + M_{t-1} + W_t L_t - P_{H,t}C_{H,t} - P_{N,t}C_{N,t} - P_{F,t}C_{F,t} - F_t - T_t$$
$$= (1+r_{t-1})F_{t-1} + M_{t-1} + W_t L_t - P_{H,t}C_{H,t} - P_{N,t}C_{N,t} - \frac{\theta}{\theta-1}\frac{W_t^*}{A_t^*}C_{F,t} - F_t - T_t \quad (4\text{-}41)$$

其中,M为中国居民持有的名义货币余额持有量,W为名义工资,T为税收,F为可交易的外汇资产,r为外汇资产的实际利率。

又因为$Y=AL$,则中国居民的跨期预算约束为

$$M_t + \beta_t M_{t+1} = (1+r_{t-1})F_{t-1} + M_{t-1} + W_t\frac{Y_t}{A_t} - P_{H,t}C_{H,t} - P_{N,t}C_{N,t} - \frac{\theta}{\theta-1}\frac{W_t^*}{A_t^*}C_{F,t} - F_t - T_t + \beta_t(1+r_t)F_t + \beta_t M_t + \beta_t W_{t+1}\frac{Y_{t+1}}{A_{t+1}} - \beta_t P_{H,t+1}C_{H,t+1} - \beta_t P_{N,t+1}C_{N,t+1} - \beta_t\frac{\theta}{\theta-1}\frac{W_{t+1}^*}{A_{t+1}^*}C_{F,t+1} - \beta_t F_{t+1} - \beta_t T_{t+1} \quad (4\text{-}42)$$

对于美国居民的预算约束条件，由于本文引入了不对称的定价货币机制，美国贸易品满足一价定律，则美国居民当期预算约束为

$$M_t^* = (1 + r_{t-1}) F_{t-1}^* + M_{t-1}^* + W_t^* L_t^* - P^*{}_{H,t} C^*{}_{H,t} - P_{N,t}^* C_{N,t}^* - \frac{P_{F,t}}{S} C_{F,t}^* - F_t^* - T_t^*$$

$$= (1 + r_{t-1}) F_{t-1}^* + M_{t-1}^* + W_t^* L_t^* - \left(\frac{\theta}{\theta - 1}\frac{W_t}{A_t} - H\right) C^*{}_{H,t} - P_{N,t}^* C_{N,t}^* - \frac{\theta}{\theta - 1}\frac{W_t{}^*}{SA_t{}^*} C_{F,t}^* - F_t^* - T_t^* \tag{4-43}$$

其中，S为名义汇率，其他变量的含义类似于中国。

同样，美国的生产函数为$Y^* = A^* L^*$，则美国居民的跨期预算约束为

$$M_t^* + \beta_t^* M_{t+1}^* = (1 + r_{t-1}^*) F_{t-1}^* + M_{t-1}^* + W_t^* \frac{Y_t^*}{A_t^*} - \left(\frac{\theta}{\theta - 1}\frac{W_t}{A_t} - H\right) C^*{}_{H,t} - P_{N,t}^* C_{N,t}^* - \frac{\theta}{\theta - 1}\frac{W_t{}^*}{SA_t{}^*} C_{F,t}^* - F_t^* - T_t^* + \beta_t^* (1 + r_t^*) F_t^* + \beta_t^* M_t^* + \beta_t^* W_{t+1}^* \frac{Y_{t+1}^*}{A_{t+1}^*} - \beta_t^* \left(\frac{\theta}{\theta - 1}\frac{W_{t+1}}{A_{t+1}} - H\right) C^*{}_{H,t+1} - \beta_t^* P_{N,t+1}^* C_{N,t+1}^* - \beta_t^* \frac{\theta}{\theta - 1}\frac{W_{t+1}{}^*}{SA_{t+1}{}^*} C_{F,t+1}^* - \beta_t^* F_{t+1}^* - \beta_t^* T_{t+1}^* \tag{4-44}$$

定义外部均衡条件为$F_{t+1} - F_t = \lambda Y_t, F_{t+1}^* - F_t^* = \lambda^* Y_t^*$。

其中，λ 表示中国经常账户余额占总产出的合理比例，λ^*表示美国经常账户余额占总产出的合理比例。

在居民的预算约束下，由效用最大化条件可得（具体推导见附录3）：

$$P_{N,t} = \frac{\phi (1 - \gamma_t) Y_t \left\{ W_t + \lambda A_t \left[1 - \beta_t (1 + r_t) \right] \right\}}{\varphi A_t C_{N,t}} \tag{4-45}$$

$$P_{H,t} = \frac{\phi \alpha_t \gamma_t Y_t \left\{ W_t + \lambda A_t \left[1 - \beta_t (1 + r_t) \right] \right\}}{\varphi A_t C_{H,t}} \tag{4-46}$$

$$P_{N,t}^* = \frac{\phi (1 - \gamma_t) Y_t^* \left\{ W_t^* + \lambda^* A_t^* \left[1 - \beta_t^* (1 + r_t^*) \right] \right\}}{\varphi A_t^* C_{N,t}^*} \tag{4-47}$$

则中国复合价格为

$$P = \left(P_H^{\alpha} P_F^{1-\alpha} \right)^{\gamma} P_N^{1-\gamma}$$

$$=\frac{(\phi Y)^{1+\alpha\gamma-\gamma}(1-\gamma)^{1-\gamma}(\alpha\gamma)^{\alpha\gamma}\left\{W+\lambda A\left[1-\beta(1+r)\right]\right\}^{1+\alpha\gamma-\gamma}(\theta W^{*})^{(1-\alpha)\gamma}}{(\varphi A)^{1+\alpha\gamma-\gamma}C_{H}{}^{\alpha\gamma}C_{N}{}^{1-\gamma}\left[(\theta-1)A^{*}\right]^{(1-\alpha)\gamma}}$$

(4-48)

美国复合价格为

$$P^{*}=\left[P^{*\alpha}_{H}P^{*1-\alpha}_{F}\right]^{\gamma}P^{*1-\gamma}_{N}$$

$$=\frac{\{\phi(1-\gamma)Y^{*}\left\{W^{*}+\lambda^{*}A^{*}\left[1-\beta^{*}(1+r^{*})\right]\right\}\}^{1-\gamma}(\theta W^{*})^{(1-\alpha)\gamma}}{(\varphi C^{*}{}_{N})^{1-\gamma}A^{*^{1-\alpha\gamma}}\left[S(\theta-1)\right]^{(1-\alpha)\gamma}}\left(\frac{\theta}{\theta-1}\frac{W}{A}-H\right)^{\alpha\gamma}$$

(4-49)

将上面两式带入到双边外部实际汇率 $q=SP^{*}/P$ 中，得到 q，

$q=$

$$\frac{(A^{*}L^{*})^{1-\gamma}\{W^{*}+\lambda^{*}A^{*}[1-\beta^{*}(1+r^{*})]\}^{1-\gamma}\left(\frac{\theta}{\theta-1}\frac{W}{A}-H\right)^{\alpha\gamma}\varphi^{\alpha\gamma}C_{H}{}^{\alpha\gamma}C_{N}{}^{\alpha\gamma}S^{1+\alpha\gamma-\gamma}}{C^{*}{}_{N}{}^{1-\gamma}(\phi\alpha\gamma)^{\alpha\gamma}L^{1+\alpha\gamma-\gamma}\{W+\lambda A[1-\beta(1+r)]\}^{1+\alpha\gamma-\gamma}}$$

(4-50)

第四节 均衡实际汇率影响因素的理论传导机制

本章第三节推导出不对称国际经济体系下人民币均衡实际汇率测算的完整模型，实际汇率与人民币对美元双边名义汇率 S，中美两国工资水平 W，W^{*}，中国贸易品消费额 C_{H}，中国非贸易品消费额 C_{N}，美国非贸易品消费额 C_{N}^{*}，中美两国就业人数 L，L^{*}，中美两国生产率 A，A^{*}，中美两国利率 r，r^{*} 这几个主要变量相关。综合来看，这些变量影响实际汇率的机制可做如下分析。

一、通过利率影响实际汇率

利率对实际汇率的影响主要通过短期国际资本流动的直接渠道和经常项目或总需求变化的间接渠道。图4.1为具体的传导过程。

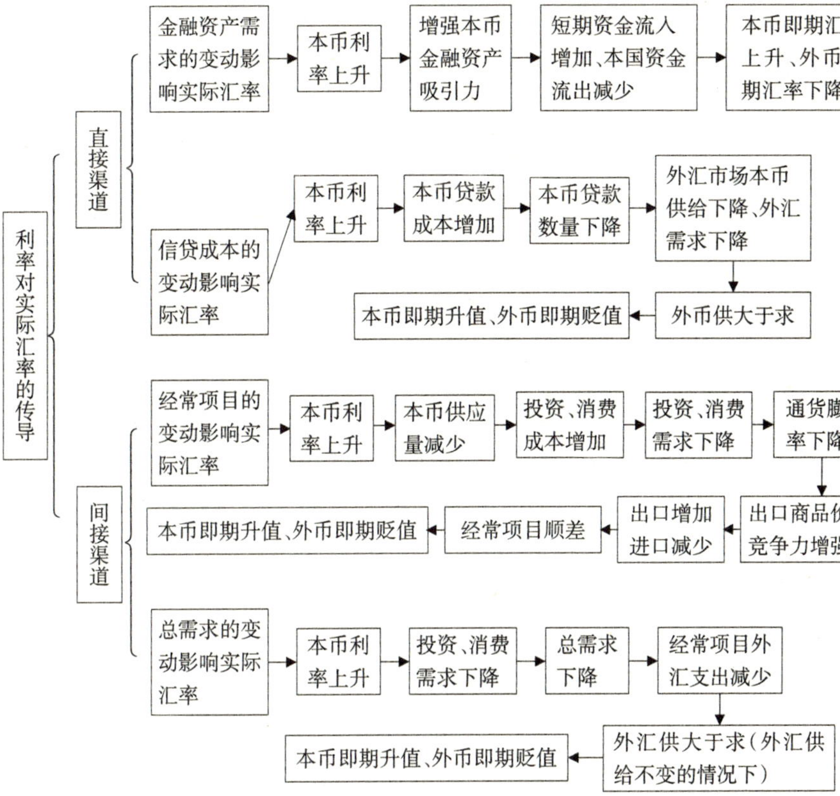

图4.1　利率对实际汇率的传导过程

二、通过生产率影响实际汇率

通常认为，生产率提高代表一个国家生产技术的进步，生产率对实际汇率会产生两种不同方向的影响：一方面总体技术的进步会提高本国贸易品部门的国际竞争力，在相同条件下，本国贸易品的生产及出口额增加，经常项目及外汇储备增加，为实现外部均衡维持一定的经常项目余额，外汇市场上，本币需求供大于求，本币实际汇率上升；另一方面总体技术进步导致非贸易品供给上升，为实现内部均衡必须下降实际汇率。

三、通过物价水平影响实际汇率

一方面，工资水平上升，直接影响生产成本，造成物价上涨、实际汇率下降；另一方面，工资水平上升，我国劳动密集型为主的出口将下降，中国的经常账户余额和外汇储备减少，人民币实际汇率下降。若中国工资水平相比美国而言上涨较快，中国的物价水平上涨幅度更大，则中国出口减少，人民币实际贬值。

四、通过影响经常账户余额和外汇储备进而影响人民币汇率

(1)在总供给水平不变的情况下，随着中国居民消费的贸易品量的增多，中国用于出口的产品随之减少，结果是经常账户余额和外汇储备的减少，最终使人民币贬值，汇率上升。

(2)在劳动生产率等条件不变的情况下，中国名义工资水平的上升会增加就业人数，从而增加本国的供给水平，在本国消费水平稳定的条件下，会增加本国的出口量，从而使本国的经常账户余额和外汇储备增加，最终使人民币升值，汇率下降。

(3)其他条件不变，中国劳动生产率的提高同样会增加本国的供给水平，从而增加本国的出口量，最终使得人民币升值，汇率下降。

(4)现实中，中国总产出量呈现逐年递增的趋势，中国经常账户余额占总产出的合理比例的提高，说明中国经常账户余额提高和外汇储备的增加，最终使得人民币升值，汇率下降。

(5)随着本国居民消费的非贸易品量的增多，非贸易品部门会增加非贸易品的供给量来满足旺盛的消费需求，根据供给需求定律，非贸易品价格下降，在本国居民消费的本国贸易品价格和进口贸易品价格一定的条件下，根据本国复合价格的合成公式可知，本国总体价格水平下降，结果是稳定国内物价水平，引起人民币汇率的下降。

美国相关变量的变化对两国双边外部实际汇率影响分析类似于本国，但结果相反。

五、通过影响国际资本流动进而影响人民币汇率

利率作为借贷指标，通常会引起国际的资本流动，当中国利率上升时，人民币升值，引起外资流入，最终结果是汇率下降；当利率下降时，结果相反，使得人民币贬值，汇率上升。

六、通过其他途径影响人民币汇率

人民币对美元名义汇率与实际汇率方向变化一致，当人民币对美元名义汇率上升而通胀率较为稳定的情况下，根据“实际汇率=名义汇率-通货膨胀率”公式可知，人民币对美元实际汇率上升；反之，当人民币对美元名义汇率下降而通胀率较为稳定的情况下，人民币对美元实际汇率下降。

第五章
不对称国际经济体系下人民币均衡汇率实证分析

本书建立的是基于不对称国际经济体系下的动态且非线性人民币均衡汇率模型，由于某些变量和参数值的不可确定性，如消费本国产品的权重α等，使得不能直接使用该人民币均衡汇率模型计算人民币均衡汇率。考虑到人民币均衡汇率影响因素间可能存在相关性，将此人民币均衡汇率模型做对数线性处理，建立更易处理的计量模型，以此来分析人民币均衡汇率的均衡情况。为了便于观察不同的不对称特征对均衡汇率的影响，本章首先将不对称市场势力排除在外，只做经济增长模式和定价货币不对称（本书称之为不完全不对称）时的人民币均衡汇率实证分析，然后纳入不对称市场势力（本书称之为完全不对称），针对所有的不对称特征进行实证分析。

第一节　不完全不对称时的实证分析

一、实证模型的建立

如前所述，实证分析要对理论分析结果进行对数线性化处理。为此，首先定义一些对数变量（见表5.1）。

表5.1 实证模型变量的含义

变量名称	变量含义
$\log q$	人民币对美元的实际汇率的对数
$\log s$	人民币对美元的名义汇率的对数
$\log pw$	本国在岗职工平均工资与美国平均年薪①的比例的对数
$\log pch$	本国居民消费本国贸易品量与美国进口贸易品量的比例的对数
$\log pcn$	本国居民消费的非贸易品量与美国居民消费的非贸易品量的比例的对数
*delta*②	由λ, A, W, r, β变量决定
*udelta*③	由$\lambda^*, A^*, W^*, r^*, \beta^*$变量决定
$\log pl$	美国就业人数与本国就业人数的比例的对数

由第四章不对称经济增长模式与美元定价背景下的人民币均衡汇率模型可知，两国双边外部实际汇率的影响因素有：人民币对美元名义汇率S、本国和美国就业人数L, L^*，本国和美国薪金水平W, W^*，本国和美国经常账户余额在总产出中的合理比例λ, λ^*，本国和美国的劳动生产率A, A^*，本国和美国利率水平r, r^*，本国居民消费的本国贸易品量和非贸易品量CH, CN，美国消费进口贸易品量和美国居民消费的非贸易品量CH^*, CN^*。据此，可以建立人民币均衡汇率模型：$q = f\left(S, L, L^*, W, W^*, \lambda, \lambda*, A, A^*, r, r^*, C_H, C_N, C_H^*, C_N^*\right)$。

为了方便实证分析且避免共线性和减少异方差性，同时考虑到变量过多的问题，本文将以比例对数化方式处理定价货币不对称下的人民币均衡汇率模型，以此来确定影响两国双边外部实际汇率的变量，则比例对数化人民币均衡汇率模型为（具体见附录4）：$\log q = \beta_0 + \beta_1 \log s + \beta_2 \log pw + \beta_3 \log pch + \beta_4 \log pcn + \beta_5 delta + \beta_6 udelta + \beta_7 \log pl$。

① 美国平均年薪通过以下公式算得：美国平均年薪=平均小时工资×8（一天工作8小时）×5（每周工作5天）×52（一年周数），参考章俊涛：《美国人的工资收入水平》，《上海金融》，1988年第6期第45—46页。

② 见附录4。

③ 同②。

二、变量选择和数据选取

本节数据选取1985—2015年间的年度时间序列数据。两国双边外部实际汇率由人民币对美元名义汇率、两国物价指数决定；人民币对美元名义汇率为年平均汇率，来自中国金融统计年鉴；美国物价指数、本国居民消费的非贸易品量、中国一年期存款利率、美国联邦基金利率、本国就业人数源于万德数据库；中国物价指数、美国就业人数、本国在岗职工平均工资源于同花顺；美国居民消费的自华进口品源于中国海关；中国居民消费的本国贸易品量、美国居民消费的美国贸易品量、美国平均年薪、本国劳动生产率、美国劳动生产率、中国经常账户余额占总产出的合理比例与美国经常账户余额占总产出的合理比例经过计算得到。

（1）两国双边外部实际汇率由 $q = SP^{*}/P$ 计算得到，两国的物价指数指各国的消费物价指数。

（2）贸易品与非贸易品的划分参考季霜密（2014），将第二产业中的制造业和农业生产的产品作为贸易品，而将第三产业生产的产品作为非贸易品。

（3）在不考虑政府消费的情况下，本国所生产的产品仅供本国居民消费和出口，因此，中国居民消费的本国贸易品量为本国总产出减去本国总出口量和第三产业产值。同理，美国居民消费的美国贸易品量依据同样的算法得到。

（4）美国平均年薪见表5.1脚注①。

（5）劳动生产率由GDP除以就业人数得到。

（6）由于外部均衡和经济增长模式直接相关，而经济增长模式有一定的稳定性，因此经常账户余额占总产出的合理比例同样具有相对的稳定性。本文以汇率政策为划分标准①，计算出中、美两国经常账户余额占总产出的

---

① 中国于1985—1993年实行以美元为基准的有限弹性汇率制，1994—2005年实行以供求为基础、单一的有管理的浮动汇率制，2006年至今实行参考"一篮子货币"进行调节的有管理的浮动汇率制度。因此本文将中国经常账户余额占总产出的合理比例分为1985—1993年、1994—2005年、2006年至今三个相对稳定的阶段；而美国于1985—1992年、2003年至今实行弱势美元政策、1993—2002年实行强势美元政策，对美国经常账户余额占总产出的合理比例的处理类似于中国，分为1985—1992年、1993—2002年、2003年至今三个相对稳定的阶段。

合理比例。

三、实证分析

(一)单位根检验与协整分析

在对定价货币不对称下的人民币均衡汇率模型进行实证分析前，首先检验变量单位根，以避免虚假回归的现象。本文通过Eviews7.0软件对变量ADF检验(见表5.2)，结果表明，所有变量都是非平稳的时间序列，且都是一阶单整，说明模型可以进行协整分析。

表5.2　变量单位根检验

变量	(C,t,q)	ADF统计量	概率	临界值(1%)	临界值(5%)	临界值(10%)
log *q*	(C,t,1)	-1.718 365	0.708 4	-4.440 739	-3.632 896	-3.254 671
D(log *q*)	(C,0,1)	-3.330 926	0.027 0**	-3.808 546	-3.020 686	-2.650 413
ls	(C,t,0)	-1.729 162	0.713 0	-4.296 729	-3.568 379	-3.218 382
D(*ls*)	(C,t,0)	-5.370 303	0.000 8*	-4.309 824	-3.574 244	-3.221 728
log *pw*	(C,t,1)	1.939 975	0.608 2	-4.309 824	-3.574 244	-3.221 728
D(Log *pw*)	(C,t,1)	-4.710 142	0.004 1*	-4.323 979	-3.580 623	-3.225 334
log *pch*	(C,t,1)	-1.137 292	0.904 1	-4.323 979	-3.580 623	-3.225 334
D(log *pch*)	(0,0,1)	-2.528 877	0.013 5**	-2.653 401	-1.953 858	-1.609 571
log *pcn*	(C,t,1)	-1.094765	0.912 1	-4.323 979	-3.580 623	-3.225 334
D(log *pcn*)	(C,t,1)	-5.330 630	0.001 0*	-4.339 330	-3.587 527	-3.229 230
delta	(C,t,0)	-2.411 099	0.366 8	-4.296 729	-3.568 379	-3.218 382
D(*delta*)	(0,0,0)	-5.082 360	0.000 0*	-2.647 120	-1.952 910	-1.610 011
udelta	(C,t,1)	-2.795 908	0.209 8	-4.309 824	-3.574 244	-3.221 728
D(*udelta*)	(C,0,0)	-4.513 888	0.001 3*	-3.679 322	-2.967 767	-2.622 989

续表

变量	(C,t,q)	ADF统计量	概率	临界值(1%)	临界值(5%)	临界值(10%)
log *pl*	(C,t,1)	-2.438 729	0.353 6	-4.309 824	-3.574 244	-3.221 728
D(Log *pl*)	(0,0,1)	-3.189 491	0.002 5*	-2.650 145	-1.953 381	-1.609 798

注:D表示一阶差分,C表示变量带有常数项,t表示变量带有趋势项,q表示变量的滞后阶数,*表示在1%显著性水平下是显著的,**表示在5%显著性水平下是显著的。

本文选用E-G两步法对log *s*, log *pw*, log *pch*, log *pcn*, *delta*, *udleta*, log *pl* 与 log *q* 间的关系进行协整检验。首先,对变量OLS回归。结果见表5.3:除了log *pl*变量不显著外,其余变量均具有显著性。

表5.3　OLS 回归结果

Variable	C	Std. Error	t-Statistic	Prob.
log *s*	3.613 284	1.658 350	2.178 843	0.042 1
log *pw*	12.165 54	3.929 417	3.096 017	0.005 9
log *pch*	-1.471 622	0.792 810	-1.856 211	0.079 0
log *pcn*	-8.631 006	3.630 240	-2.377 530	0.028 1
delta	-15.981 02	7.451 158	-2.1447 69	0.045 1
udelta	785.775 2	184.560 4	4.257 551	0.000 4
log *pl*	-3.130 863	4.844 742	-0.646 239	0.525 9
C	14.947 35	7.642 961	1.955 702	0.065 4
R-squared	0.738 618	Mean dependent var		0.611 270
Adjusted R-squared	0.642 320	S.D. dependent var		0.492 517
S.E. of regression	0.294 557	Akaike info criterion		0.634 504
Sum squared resid	1.648 508	Schwarz criterion		1.018 455
Log likelihood	-0.565 798	Hannan-Quinn criter.		0.748 673
F-statistic	7.670 097	Durbin-Watson stat		1.679 811
Prob(F-statistic)	0.000 189			

表5.4 残差单位根检验

		T统计量	概率*
ADF检验统计量		-3.315 536	0.002 1
显著性水平	1%	-2.679 735	
	5%	-1.958 088	
	10%	-1.607 830	

注:*MacKinnon(1996)one-sided p-values.

其次,对OLS回归产生的残差进行单位根检验,结果见表5.4。因为回归产生的残差为估计量,不同于ADF分布,因此ADF检验统计量不可以直接用于协整检验。对此,本文采用系统给出的麦金农临界值,即伴随概率来判断残差序列的平稳性。结果表明,显著拒绝了残差存在单位根的原假设,也即残差序列是平稳的,从而说明了$\log q$与$\log s$, $\log pw$, $\log pch$, $\log pcn$, $delta$, $udleta$, $\log pl$之间存在协整关系或存在长期均衡关系。因此,协整方程为

$$\log q = \underset{(1.96)}{14.95} + \underset{(2.18)}{3.61}\log s + \underset{(3.10)}{12.17}\log pw - \underset{(-1.86)}{1.47}\log pch - \underset{(-2.38)}{8.63}\log pcn$$

$$-\underset{(-2.14)}{15.98}delta + \underset{(4.26)}{785.78}udelta - \underset{(-0.65)}{3.13}\log pl$$

(注:括号内表示t值)。

$R^2 = 0.74 \quad ADj\,R^2 = 0.64 \quad DW = 1.68$

根据模型和所选时间段,由于经常账户余额占总产出的合理比例方向的不确定性,使得各变量对汇率的影响方向具有不确定性。具体地,在剔除不显著变量情况下[①],人民币对美元名义汇率、本国与美国的相对工资及udelta会使均衡汇率升值;而本国与美国的相对贸易品消费量、本国与美国的相对非贸易品消费量及delta会使均衡汇率贬值。

从显著性变量对均衡汇率的弹性影响度上看,udelta对均衡汇率的弹性影响程度最大,其弹性影响系数为785.78,说明udelta每增长1%,人民币

① 以下分析,都是在剔除不显著变量的情况下进行的。

对美元实际汇率约升值785.78%；其次为delta，其弹性影响系数为-15.98，即delta每增长1%，人民币对美元实际汇率约贬值15.98%；本国与美国的相对工资对人民币对美元实际汇率的弹性影响系数为12.17，即本国与美国的相对工资每增长1%，人民币对美元实际汇率约升值12.17%；本国与美国的相对非贸易品消费量对人民币对美元实际汇率的弹性影响系数为-8.63. 即本国与美国的相对非贸易品消费量每增长1%，人民币对美元实际汇率约贬值8.63%；人民币对美元名义汇率对人民币对美元实际汇率的弹性影响系数为3.61，即人民币对美元名义汇率每增长1%，人民币对美元实际汇率约升值3.61%；本国与美国的相对贸易品消费量对人民币对美元实际汇率的弹性影响系数为-1.47，即本国与美国的相对贸易品消费量每增长1%，人民币对美元实际汇率约贬值1.47%。

（二）人民币汇率失调情况及原因

为了分析人民币对美元实际汇率与当前均衡汇率的差距，本节将所有变量的实际数据代入上节中的协整方程中便能得到人民币当前的均衡汇率，然后根据以下公式计算出人民币对美元实际汇率与当前均衡汇率的差距，也即人民币实际汇率的失调程度：

$$MIS - current = \frac{\text{实际汇率} - \text{当前均衡汇率}}{\text{当前均衡汇率}} \times 100\%\text{。}$$

首先，将所有变量的实际数据代入到协整方程，并做出人民币对美元实际汇率与当前均衡汇率的时序图[①]，结果如图5.1，可以看出人民币对美元实际汇率与当前均衡汇率之间存在一定的差距，此差距表示当前人民币实际汇率的失调程度，失调图见图5.2。

① 由于1998年、1999年与2002年人民币对美元实际汇率为负数，在做计量分析时，本节剔除了此三年的数据。

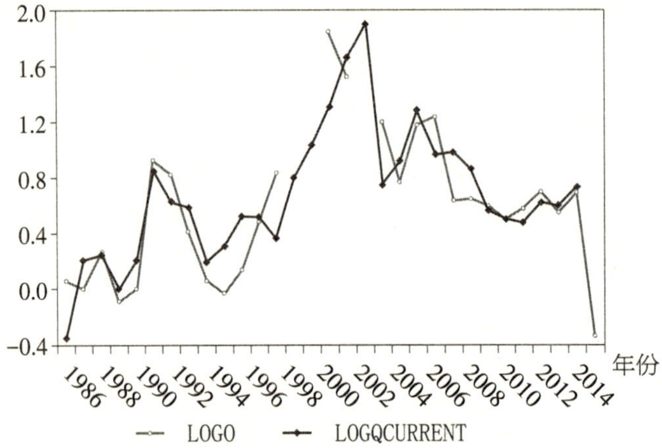

图 5.1　人民币对美元实际汇率与当前均衡汇率

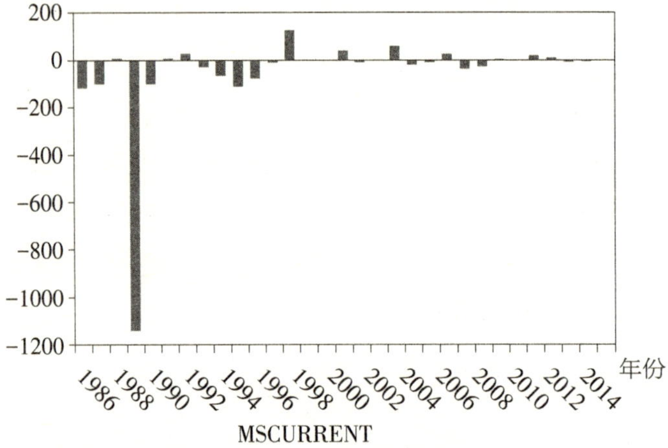

图 5.2　人民币实际汇率当前的失调程度(%)

从人民币对美元实际汇率当前的失调程度图中可以直观地得到人民币实际汇率失调的信息,由于人民币当前均衡汇率的计算是直接使用存在商业周期等短期影响的所有变量的当前值,反映的是变量对均衡汇率的一时性的影响,而并未反映变量对均衡汇率的持久性影响。在考虑到这一方面的情况下,本文使用H-P滤波方法得到所有变量的长期“均衡值”,利用与上述同样的方法[①],求得人民币长期均衡汇率值及人民币对美元实际汇率的长

① 此时,人民币对美元实际汇率的长期失调程度由以下公式得到:$MIS-current=\frac{\text{实际汇率}-\text{当前均衡汇率}}{\text{当前均衡汇率}}\times 100\%$。

期失调程度,如图5.3和图5.4。

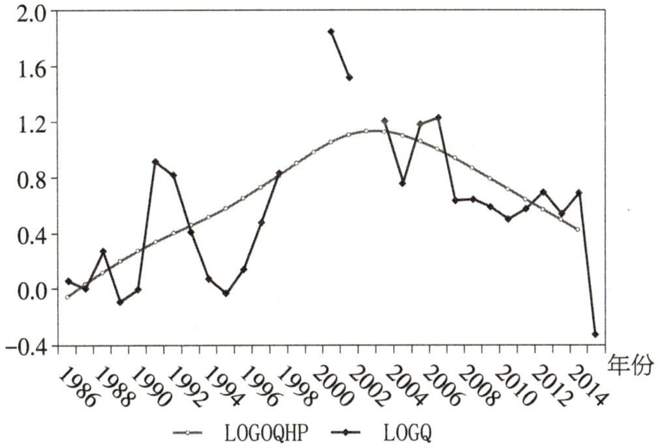

图5.3　人民币对美元实际汇率与长期均衡汇率

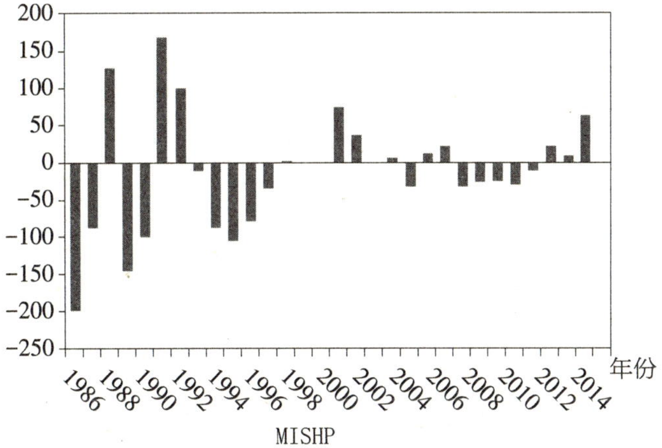

图5.4　人民币实际汇率长期的失调程度(%)

将图5.2和图5.4相比较,不同年份,失调的方向基本一致(近几年除外),但范围略有差异。从失调的平滑度上来看,相对于短期失调而言,人民币对美元实际汇率长期的失调程度较为平滑,即人民币对美元实际汇率长期失调程度的波动范围较为稳定,因此本文将讨论重点放在图5.3和图5.4。观察图5.3和图5.4,人民币实际汇率的失调情况主要分为几个方面来讨论:(1)1985—1989年(1987年除外)、1992—1996年、2007—2011年;(2)1990—1991年、1997—2006年(2004年除外)、2012—2014年。

1985—1989年(1987年除外)、1992—1996年、2007—2011年间人民币对美元实际汇率处于高估状态。从高估程度波动范围上看,1985—1989年、1992—1996年波动范围最大,有0.94倍;而2007—2011年波动范围有所收窄,有0.32倍。对于此三个时间段内汇率高估的原因主要在于以下几个方面:(1)对外开放程度的提高。1985—1989年间,我国进出口总额由696.0亿美元增加至1116.8亿美元,增长幅度达60.46%;同年间,我国实际利用外商直接投资金额由19.56亿美元增加至33.93亿美元,增加幅度达73.47%。对外开放程度的提高,使得本国的外汇储备增加,最终结果使得人民币实际汇率升值,从而成为1985—1989年间人民币实际汇率高估的可能因素之一。(2)高通货膨胀率。在1995年高达17.1%的通货膨胀率和人民币名义汇率波动较小的情况下,不可避免地推动人民币实际汇率升值,从而使得1992—1996年间人民币实际汇率高估。(3)经常账户余额占总产出的比例提升。中国经常账户余额占总产出的比例从1992年的-0.25%提升到1996年的2.38%,说明中国经常账户表现为顺差的幅度越来越大,从而导致净对外资产余额不断增加,最终使得人民币实际汇率升值,从而成为1992—1996年间人民币实际汇率高估的可能因素之一。(4)2008年美国次贷危机的影响。2008年美国次贷危机的爆发,使得以美元计价的商品价格持续上涨、全球通货膨胀的压力增大;另外,为了应对次贷危机的负面影响,美国采取了宽松的货币政策和弱势美元政策,在这种情况下,使得人民币实际汇率升值,从而成为人民币实际汇率高估的可能因素之一。

1990—1991年、1997—2006年(2004年除外)、2012—2014年间人民币对美元实际汇率处于低估状态,从低估程度波动范围上看,1990—1991年、1997—2006年(2004年除外)波动范围最大,有0.99倍;而2012—2014年波动范围有所收窄,有0.64倍。对于此三个时间段内汇率低估的原因主要在于以下几个方面:(1)外汇调剂市场的开放。随着外汇调剂市场的开放,外汇调剂市场的成交量越来越大,使得人民币与外汇间的交易更频繁地采用外汇调剂市场中的汇率,结果是在计算人民币实际汇率过程中,外汇调剂市场的汇率所占比重也越来越大,使得外汇调剂市场的名义汇率贬值幅度要远远大于同期的通货膨胀率,从而整体上来说,最终将导致1990—1991年间人民币实际汇率低估。(2)提高商品出口退税率的影响。东亚货币危机时期，为了减缓危机对出口的不利影响，我国于1999年提高了商品的出口退税率，由原来的570亿元出口退税指标增加至635.85亿元，保证了出口额的增长；从另一个角度看，提高商品的出口退税率相当于人民币名义汇率贬值，而在1997—2006年间通货膨胀率变化相对稳定的情况下，这一举措使得人民币实际汇率贬值，从而成为1997—2006年间人民币实际汇率低估的可能因素之一。(3)我国央行尝试放弃无限制购汇[①]的影响。由于2011—2012年贸易顺差收窄[②]和欧债危机引起的流动性需求等因素的作用，加大了企业、居民和金融机构增持外汇的意愿，结果使得外汇的价格走高，人民币的价格走低，从而低估人民币实际汇率。

(三)误差修正模型

既然人民币均衡汇率与上述变量间存在着协整关系，则一定存在着向长期均衡汇率调整的描述短期变化的误差修正模型。本文的误差修正模型如下：$\Delta\log q=\beta_0+\beta_1\Delta\log s+\beta_2\Delta\log pw+\beta_3\Delta\log pch+\beta_4\Delta\log pcn+\beta_5\Delta delta+\beta_6\Delta udelta+\beta_7\Delta\log pl+\beta_8 ECM$。

其中，ECM表示误差修正项，β_8表示误差修正模型的修正系数，即误差修正项对$\Delta\log q$的修正速度。

表5.5　误差修正模型结果

Variable	C	Std. Error	t-Statistic	Prob.
C	14.550 68	1.533 911	9.486 002	0.000 0*
D($\log s$)	-6.314 463	1.494 381	-4.225 472	0.000 7*

---

① 无限制购汇要求企业或个人获得外汇后，必须卖给银行，然后由银行在外汇交易中心平盘，实际最后都流入央行手中。2011年4月中旬，央行第一次尝试放弃无限制购汇，人民币汇率连续3个交易日大幅下挫；同年12月，央行第二次尝试放弃无限制购汇，人民币汇率连续12个交易日触及跌停。

② 2011—2013年贸易顺差额分别为1548.98亿美元、2303.09亿美元和2590.15亿美元；2011年贸易顺差同比增加32.74%，而2012年贸易顺差仅同比增加11.08%，贸易顺差收窄。

续表

Variable	C	Std. Error	t-Statistic	Prob.
D(log *pw*)	1.362 409	1.886 360	0.722 242	0.481 3
D(log pch)	-0.950 309	0.428 527	-2.217 619	0.042 4**
D(log *pcn*)	-8.562 050	1.665 490	-5.140 860	0.000 1*
D(*delta*)	-3.008 852	3.487 737	-0.862 695	0.401 9
D(*udelta*)	376.173 7	125.169 5	3.005 316	0.008 9*
D(log *pl*)	-2.106 468	2.312 513	-0.910 900	0.376 8
ECM	-0.948 465	0.102 763	-9.229 645	0.000 0*
R-squared	0.927 729	Mean dependent var		-0.002 429
Adjusted R-squared	0.889 185	S.D. dependent var		0.332 357
S.E. of regression	0.110 638	Akaike info criterion		-1.285 106
Sum squared resid	0.183 612	Schwarz criterion		-0.843 336
Log likelihood	24.421 27	Hannan-Quinn criter.		-1.167 904
F-statistic	24.069 05	Durbin-Watson stat		1.814 637
Prob(F-statistic)	0.000 000			

注:D表示一阶差分,*表示在1%显著性水平下通过检验,**表示在5%显著性水平下通过检验。

根据以上结果,误差修正模型结果为(括号中为t值):

$$\Delta\log q = 14.55 - 6.31\Delta\log s + 1.36\Delta\log pw - 0.95\Delta\log pch -$$

(9.49)(-4.23)　(0.72)　(-2.22)

$$8.56\Delta\log pcn - 3.01\Delta delta + 376.17\Delta udelta - 2.11\Delta\log pl - 0.95ECM$$

(-5.14)　(-0.86)　(3.01)　(-0.91)　(-9.23)

$R^2 = 0.93$　$ADj\,R^2 = 0.89$　$DW = 1.81$

由表5.5和误差修正模型结果可知,误差修正系数为-0.95,且通过显著性检验。除了本国与美国的相对工资、delta及本国与美国相对就业人数外,其余变量都通过显著性检验。从影响方向上看,通过显著性检验的变量中，本国与美国的相对贸易品消费量、本国与美国的相对非贸易品消费量及udelta对人民币对美元实际汇率的短期影响方向与长期影响方向相同，而人民币对美元名义汇率对实际汇率的短期影响方向与长期影响方向相反。从影响程度上看，误差修正模型中本国与美国的相对贸易品消费量、本国与美国的相对非贸易品消费量及udelta的系数小于协整方程中的系数，说明本国与美国的相对贸易品消费量、本国与美国的相对非贸易品消费量及udelta三个变量对人民币对美元实际汇率的短期影响小于长期影响；误差修正模型中人民币对美元名义汇率的系数大于协整方程中的系数，说明人民币对美元名义汇率对实际汇率的短期影响大于长期影响；对于未通过显著性检验的本国与美国的相对工资、delta及本国与美国相对就业人数，说明其对人民币对美元实际汇率的短期影响不显著。

第二节　完全不对称时的实证分析

一、实证模型的建立

由第四章第三节的理论模型我们已经得到了不对称国际经济体系下跨期均衡实际汇率的函数表达式，但直接通过这个函数表达式计算人民币均衡实际汇率有难度，因为函数中有些变量和参数的准确值无法得知。例如，消费本国产品的权重α、中国居民复合消费量的效用弹性ϕ、生产所付出的劳动力的效用弹性φ等无法准确推断，其他东南亚发展中国家厂商的最优产量函数$f\{p(j)\}$也不能准确度量。

由不对称市场势力下的均衡实际汇率决定表达式可知，均衡实际汇率和变量$S, A, A^*, L, L^*, W, W^*, r, r^*, C_H, C_N, C_N{}^*, \lambda, \lambda^*$有关，由于方程中含有较多变量，本文考虑到实证过程中的共线性和异方差，以比例对数化方式处理模型，以此来确定影响两国双边外部实际汇率的变量。

本节将第四章第三节的均衡实际汇率对数线性化，得到人民币均衡汇率模型为（具体处理过程见附录5）$lq=\beta_0+\beta_1 ls+\beta_2 lch+\beta_3 lp\,cn+\beta_4 delta+\beta_5 udelta+\beta_6 lmix$。

其中各变量具体含义如下：$pcn = C_N/C_N^*$，$delta = \lambda A(1-r)/W$，$udelta = \lambda^* A^*(1-r^*)/W^*$，$mix = W^* Y^*/Y$。

表 5.6 实证模型变量的含义

变量名称	变量含义
lq	人民币对美元的实际汇率的对数
ls	人民币对美元的名义汇率的对数
lch	本国居民消费本国贸易品量的对数
lpcn	本国居民消费的非贸易品量与 美国居民消费的非贸易品量的比例的对数
delta	由 λ，A，Wr 变量决定
udelta	由 λ^*，A^*，W^*，r^* 变量决定
mix	由 W^*，Y^*，Y 变量决定

二、变量数据处理和数据来源

本节选取1985—2016年间的年度时间序列数据进行实证。

（1）两国双边外部实际汇率由人民币对美元名义汇率、两国物价指数决定，通过公式$q = SP^*/P$计算得到；人民币对美元名义汇率为年平均汇率，数据来自《中国统计年鉴》，两国的物价指数采用各国的居民消费价格指数（CPI），中国的CPI同比指数数据来自同花顺，美国的CPI*同比指数数据来自Wind，并以1985年为基期（1985=100）处理原始数据。

（2）各国劳动生产率由实际GDP除以就业人数得到。中美两国的实际GDP均以1985年为基期。中国的实际GDP数据由1985年的名义GDP和GDP年增长率计算得到，数据均来自《中国统计年鉴》；美国的GDP*数据来自美国经济分析局（Bureau of Economic Analysis，BEA），美国的就业人数数据来自同花顺。

（3）中国在岗职工平均工资数据来自《中国统计年鉴》；美国平均工资通过以下公式计算：美国平均年薪=平均时薪×8（一天工作8小时）×5（每周工作5天）×52（一年周数），其中平均时薪的数据来自同花顺。

(4)中美两国的利率分别采用中国一年期存款利率、美国联邦基金利率年初利率,中国的利率数据来自中国人民银行,美国的利率数据来自同花顺。

(5)贸易品与非贸易品的划分参考季霜密(2014),将第二产业中的制造业和农业作为贸易品,将第三产业产品作为非贸易品。本节在不考虑政府部门消费的情况下,本国生产的产品全部用于本国居民的消费和出口,所以中国居民消费的本国贸易品量由本国总产出减去本国总出口量和第三产业产值得到;中国的总出口量数据和第三产业产值均来自《中国统计年鉴》,美国的第三产业产值通过总产出乘第三产业增加值占GDP的比重得到,美国第三产业增加值数据来自Wind。

(6)本书借鉴徐会珍(2016)的做法处理经常项目余额占总产出的合理比例,以中国和美国汇率政策为标准,将1985—2016年划分成不同的区间,分别计算区间内经常项目占总产出的平均水平,各个时期的平均水平即各个时期的合理比例。中国于1985—1993年实行以美元为基准的有限弹性汇率制,1994—2005年实行以供求为基础、单一的有管理的浮动汇率制度,2006年至今实行参考"一篮子货币"进行调节的有管理的浮动汇率制度,因此本节划分1985—1993年、1994—2005年、2006年至今三个时间段来计算中国的经常项目占总产出的合理比例;而美国于1985—1992年、2003年至今实行弱势美元政策,1993—2002年实行强势美元政策,本节划分1985—1992年、1993—2002年、2003年至今三个时间段来计算美国的经常项目占比的合理比例。中美两国的经常项目余额数据来自于Wind。

三、实证分析

(一)单位根检验

本文所用到的数据为时间序列数据,而时间序列常具有趋势性,如果直接进行最小二乘法(OLS),容易产生伪回归现象,即使变量之间没有线性关系,也可能在回归过程中显示较高的拟合优度,因此在进行时间序列分析时,首先做变量的单位根检验,以确定变量的平稳性。本文通过Eviews7.0软件采用ADF单位根检验方法对模型涉及的各个经济变量的时间序列进行

表5.7　各个变量单位根检验结果

变量名称	检验类型	ADF检验统计量	P值	1%水平临界值	5%水平临界值	10%水平临界值	检验结果
lq	(C,0,0)	-2.011 406	0.2807	-3.661 661	-2.96 0411	-2.619 160	不平稳
D(*lq*)	(C,0,0)	-5.507 627	0.000 1***	-3.670 170	-2.963 972	-2.621 007	平稳
ls	(C,T,0)	-1.888 504	0.636 3	-4.284 580	-3.562 882	-3.215267	不平稳
D(*ls*)	(C,T,0)	-5.305 125	0.000 9***	-4.296 729	-3.568 379	-3.218382	平稳
lch	(C,T,1)	-2.715 503	0.237 8	-4.296 729	-3.568 379	-3.218382	不平稳
D(*lch*)	(0,0,0)	-1.657 421	0.091 3*	-2.644 302	-1.952 473	-1.610211	平稳
lpcn	(C,T,0)	-2.056 919	0.548 5	-4.284 580	-3.562 882	-3.215267	不平稳
D(*lpcn*)	(C,T,0)	-5.131 026	0.001 3***	-4.296 729	-3.568 379	-3.218382	平稳
delta	(C,0,0)	-1.801 417	0.372 9	-3.661 661	-2.960 411	-2.619160	不平稳
D(*delta*)	(C,0,0)	-5.832 151	0.000 0***	-3.670 170	-2.963 972	-2.621007	平稳
udelta	(C,0,0)	-1.499 237	0.520 7	-3.661 661	-2.960 411	-2.619160	不平稳
D(*udelta*)	(C,0,0)	-5.008354	0.000 3***	-3.670 170	-2.963 972	-2.621007	平稳
lmix	(0,0,0)	0.427 503	0.800 0	-2.641 672	-1.952 066	-1.610 400	不平稳
D(*lmix*)	(0,0,0)	-4.656 428	0.000 0***	-2.644 302	-1.952 473	-1.610 211	平稳

注:D是原序列的一阶差分,(C,T,I)分别表示变量带常数项、变量带趋势项、变量的滞后阶数,***表示在1%水平下是显著的,**表示在5%水平下是显著的,*表示在10%水平下是显著的。

平稳性检验。

由表5.7可知，各个变量的原始序列即使在10%的显著性水平上都不能拒绝有单位根的原假设，即原始序列都是不平稳的，而经过一阶差分后，序列是平稳的，因此各变量都是一阶单整数列，满足下文协整分析的前提条件。

（二）协整检验

本节采用EG两步法对各个变量进行协整检验，第一步采用OLS对变量*lq*，*ls*，*lch*，*lpcn*，*delta*，*udelta*，*lmix*进行回归分析，第二步将回归分析后得到的残差进行ADF单位根检验，若残差通过单位根检验，则是平稳序列，说明各个变量之间存在稳定的协整关系。

表5.8　最小二乘法（OLS）回归结果

变量	常数	标准误	t统计量	P值
c	10.39 885	3.513 395	2.959 773	0.006 6***
ls	1.847 324	0.579 002	3.190 532	0.003 8***
lch	−0.473 436	0.089 159	−5.310 039	0.000 0***
lpcn	−0.262 581	0.124 678	−2.106 082	0.045 4**
delta	−6.253 639	2.868 040	−2.180 458	0.038 8**
udelta	0.665 977	1.059 338	0.628 673	0.535 3
lmix	−0.449 295	0.285 747	−1.572 353	0.128 4

注：***表示在1%水平下是显著的，**表示在5%水平下是显著的，*表示在10%水平下是显著的。

由表5.8的回归结果中发现，*udelta*，*lmix*两个变量回归结果不显著，予以剔除，将其他变量重新回归得到如下结果。

表5.9　剔除不显著变量后的OLS回归结果

变量	常数	标准误	t统计量	P值
c	4.936 075	0.768 303	6.424 646	0.000 0***
ls	0.936 834	0.092 495	10.128 51	0.000 0***

续表

变量	常数	标准误	t统计量	P值
lch	−0.422 155	0.068 719	−6.143 183	0.000 0***
lpcn	−0.364 716	0.073 926	−4.933 543	0.000 0***
delta	−5.074 426	2.789 778	−1.818 935	0.080 0*

剔除*udelta*,*lmix*两个变量后,其他变量的回归结果都是显著的,然后将回归得到的残差做带常数项、不带趋势项的ADF单位根检验,结果如表5.10,残差项不存在单位根,它是平稳序列。

表5.10　残差单位根检验

		t统计量	P值
ADF检验统计量		−6.454 601	0.0000
显著性水平	1%	−3.699 871	
	5%	−2.976 263	
	10%	−2.627 420	

因此,*lq*和*ls*,*lch*,*lpcn*,*delta*之间的确存在协整关系,协整方程可以表示为$lq = \underset{(0.77)}{4.94} + 0.94\underset{(0.09)}{ls} - 0.42\underset{(0.07)}{lch} - 0.36\underset{(0.07)}{lpcn} - 5.07\underset{(2.79)}{delta}$(注:括号内表示标准误)。

上述协整方程反映人民币均衡实际汇率与各个变量之间具有长期均衡的关系,除了*delta*在10%显著性水平下显著,其他变量在1%水平下是显著的。从具体的系数来看,人民币对美元名义汇率的提高会使得实际汇率上升,这与理论相一致。而中国消费本国贸易品、中国和美国消费非贸易品量之比、*delta*这几个变量的提高会使得实际汇率下降。从具体影响程度大小来看,其中*delta*对实际汇率的影响程度最大,*delta*每提高1%,实际汇率下降5.07%,其次为人民币对美元名义汇率,名义汇率与实际汇率之间的弹性系数是0.94,即名义汇率每提高1%,会使得人民币实际汇率上升0.94%。

(三)误差修正模型

通过误差修正模型,能描述各个变量之间的短期波动和长期均衡的关系。既然上文已经实证得到*lq*,*ls*,*lch*,*lpcn*和*delta*这些变量之间具有协整关系,那么下面就对各个变量进行误差修正分析结果如表5.11。

表5.11　误差修正模型结果

变量	常数	标准误	T统计量	概率
c	0.051 318	0.014 039	3.655 432	0.001 2***
D(*ls*)	0.344 772	0.201 531	1.710 763	0.099 5*
D(*lch*)	−0.213 476	0.083 455	−2.557 965	0.017 0**
D(*lpcn*)	0.386 335	0.174 123	2.218 748	0.035 8**
D(*delta*)	−1.336 061	2.551 161	−0.523 707	0.605 1
ecm	−0.624 844	0.141 627	4.411 903	0.000 2***
R-squared	0.909 041	Durbin-Watson stat		0.808 177
Adjusted R-squared	0.890 849			

注:模型当中,D表示一阶差分,*ecm*表示残差项。***表示在1%水平下是显著的,**表示在5%水平下是显著的,*表示在10%水平下是显著的。

为评价误差修正模型的稳定性,对回归后得到的残差进行ADF检验,由表5.12可知,ADF检验统计量为−5.243 904,在1%显著性水平下是显著的,所以回归得到的残差项不存在单位根,即它是平稳的。由此得到该误差修正模型是稳定的结果。

表5.12　残差单位根检验

		T统计量	P值
ADF检验统计量		−5.243 904	0.000 2***
显著性水平	1%	−3.689 194	
	5%	−2.971 853	
	10%	−2.625 121	

所以得到误差修正模型：$D(lq)=\underset{(0.01)}{0.05}+0.34\underset{(0.20)}{D(ls)}-0.21\underset{(0.08)}{D(lch)}+0.39\underset{(0.17)}{D(lpcn)}-1.34\underset{(2.55)}{D(delta)}-0.62\underset{(0.14)}{ecm}$。

从表5.11中可以看出，在10%显著性水平下，除了*delta*，其他变量的误差修正项的系数都是显著的，由于*ecm*的弹性系数为负值，说明当出现短期波动偏离长期均衡的情况时，会以0.62的调整力度往相反的方向进行调整，使汇率恢复到均衡状态。误差修正项系数越大，说明系统自我修正能力就越强，误差修正模型中*ecm*的系数为-0.62，说明每年经济系统可以对62%的汇率错位进行修正，在这个程度上，可以看出经济系统具有较强的修正能力。从各个变量的系数来，*ls*，*lch*和*delta*变量对人民币实际汇率的短期影响和长期影响方向是一致的，并且影响实际汇率的短期影响因素的影响要小于长期影响；而*lpcn*变量对实际汇率的长期影响方向和短期影响方向相反。

（四）人民币币值错位的测算与分析

人民币实际汇率失调有两种，其中一种是现时实际汇率失调（Current Misalignment，简称CMIS），而另一种是总实际汇率失调（Total Misalignment，简称TMIS）。

1. 现时实际汇率失调（CMIS）

本节采用以下公式来分析现时实际汇率失调程度：

$$CMIS=\frac{\text{实际汇率}-\text{均衡实际汇率}}{\text{均衡实际汇率}}\times 100\%。$$

上式中，实际汇率和均衡实际汇率这两个值相等或近乎相等时，人民币实际汇率处于均衡状态，当上式的结果>0，说明人民币被低估，而当上式的结果<0，说明人民币被高估。

协整方程是估算人民币错位的分析基础，人民币实际汇率（q）是观测到的，均衡实际汇率是将各个变量的实际值代入协整方程后去对数化后得到的。

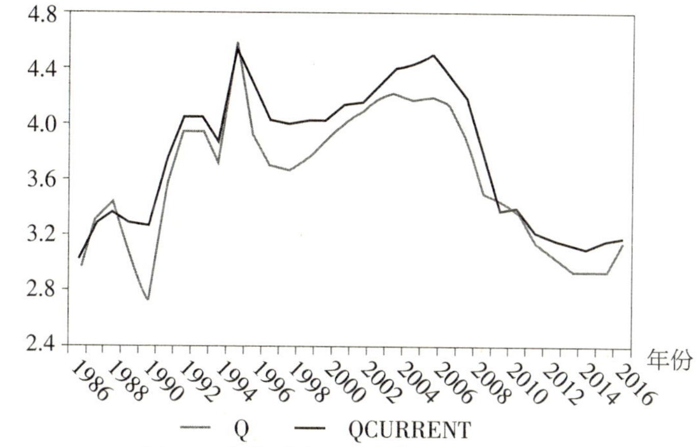

图5.5 人民币实际汇率错位比较图

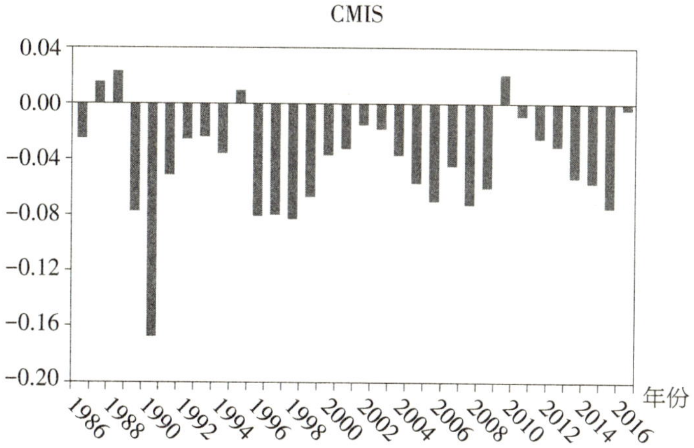

图5.6 人民币现时实际汇率失调程度

从图5.5和图5.6可以看出,1985—2016年,人民币基本呈现高估的状态,高估程度基本在10%以内,除了1989年高估程度特别大。由于各个变量的当前值包含了周期性的影响,不能反映人民币实际均衡汇率中持久性的、非一时性的信息,因而下文将以长期失调的分析为重。

2. 总实际汇率失调(TMIS)

为了分析人民币的总实际汇率失调程度,本节采用以下公式:

$$TMIS = \frac{\text{实际汇率} - \text{长期均衡实际汇率}}{\text{长期均衡实际汇率}} \times 100\%。$$

上式中,实际汇率和均衡实际汇率这两个值相等或近乎相等时,人民币实际汇率处于均衡状态，当上式的结果>0，说明人民币被低估，而当上式的结果<0，说明人民币被高估。

本文采用H-P滤波法，对各个解释变量做滤波，提取各个解释变量的长期均衡值，将过滤后的解释变量长期均衡值代入协整方程，并将结果去对数化后得到长期均衡实际汇率（*qhp*）。

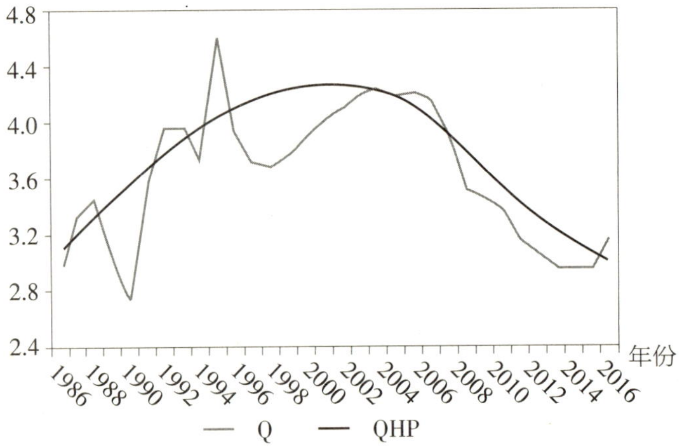

图5.7 人民币实际汇率错位比较图

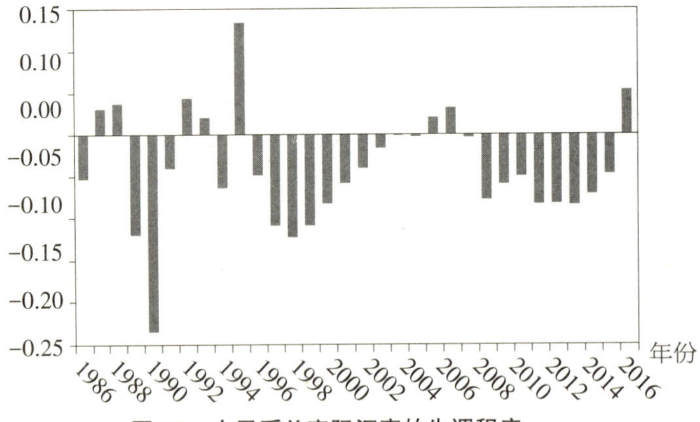

图5.8 人民币总实际汇率的失调程度

将图5.8与图5.6对比发现，人民币现时汇率失调程度比长期汇率失调小，说明当前实际汇率的波动要小于长期的波动。从图5.7和图5.8可以直观地看到，1985—2016年人民币对美元实际汇率和均衡汇率的基本情况。

总体来看,从图5.7中两条线的走势发现,人民币对美元实际汇率和均衡汇率有大概一致的走势,人民币实际汇率围绕着均衡汇率上下波动,从图5.8可以发现,不同的年份,上下波动的幅度不一致,即不同的年份,人民币实际汇率的偏离程度不同。

由图5.8看出,1985—2016年人民币实际汇率从长期来看呈现高估与低估交替的趋势,但总体上失调波动大于现时实际汇率失衡,人民币长期实际汇率失调程度不高,基本在15%以内,除了1989年人民币出现明显的高估。具体来说,人民币实际汇率在1985—2016年间,分别经历了三次较为明显的高估和三次较为短暂的低估。出现人民币高估的年份分别发生在1988—1990年、1995—2004年、2007—2015年;出现人民币低估的年份分别出现在1986—1987年、1991—1994年(1993年除外)、2005—2006年。

各年份人民币实际汇率失调原因分析如下:

(1)1986—1987年人民币被低估,1986年低估3.04%,1987年低估3.66%,低估程度有所上升。1979年以前,我国的外汇实行统收统支的管理方式,后来放开了外汇调剂市场,并且外汇调剂市场于1987年快速发展,在官方公布的名义汇率中,由外汇调剂市场交易的外汇比重高达80%,比重越来越大,虽然同一个期间内,国内物价增幅较大,但是仍然不能完全抵消外汇调剂市场名义汇率上升对实际汇率的影响,这是造成人民币在此阶段被低估的可能原因之一。

(2)1988—1990年人民币被高估,1988年高估12.16%,1989年高估23.65%,1990年高估4.04%。1988—1990年我国国内通货膨胀率增长较快,1988年增长18.81%,1989年增长17.97%,导致该期间人民币被高估。

(3)1991—1994年(1993年除外)存在人民币被低估的现象,其中1994年存在明显的低估现象,低估程度为13.41%。1991—1994年间,随着外汇调剂市场的不断发展,外汇比重越来越大,这是影响该期间人民币被低估的一个可能原因之一。1992年"南方会谈"之后中国加快改革发展,国内出现投资热潮,国内对国外先进技术、先进设备的需求急剧上升,因此需要大量的外汇,这个背景下,外汇调剂市场上人民币相对美元出现价格的走低现象,从而人民币被低估。1994年人民币官方汇率和外汇调剂市场汇率并轨,

1993年名义汇率为5.76，1994年名义汇率为8.62，名义汇率一次性上升49.65%，造成1994年人民币出现明显的低估现象。从1990年开始，中国经常项目逆差转为顺差，1991年、1992年、1994年均为经常项目顺差，外汇储备大幅增长，而外汇储备是构成我国国外净资产的主要部分，国外净资产的增加会使人民币升值，这也是影响该阶段人民币被低估的一个可能原因。

(4)1995—2004年存在人民币高估的现象，且高估时间较长。1997年高估程度最大，高估程度为12.40%，受1997年亚洲金融危机的影响，在其他各国相继货币贬值的时候，我国坚持人民币不贬值，这使得1994年人民币出现明显的高估。1996年我国调低了出口退税率，平均税率从1995年的17%下降到1996年的8.3%，这是该阶段人民币出现高估的一个原因。该期间国内通货膨胀率不断加剧也是人民币高估的一个重要原因。

(5)2005—2006年人民币存在短暂的低估现象，且低估程度在5%以下。进入21世纪，我国经济快速发展，进出口贸易顺差，且顺差不断加大，外汇储备不断增加。其中2004—2005年外汇储备增加2000多亿美元，2006年外汇储备超过1万亿美元，外汇储备快速的增加，外汇市场上本币供给小于需求，因此人民币被低估。外债的发展也会给人民币带来升值压力，形成人民币被低估状态。2006年我国外债增加274.85亿美元，短期外债率达到56.87%，我国这一比例已明显超过国际警戒线25%。

(6)2007—2015年人民币存在高估现象，此期间人民币高估的可能原因：首先，国内方面，2008年中国实施了大规模的经济刺激计划，国民经济在金融危机后仍然表现快速发展；国外方面，金融危机爆发后，从2008年下半年开始连续四个季度，美国的经济出现负增长现象，美元强势地位疲软，美联储不断降息以刺激美国国内的经济增长，这是人民币出现高估的一个可能原因。2008—2015年，随着人民币名义汇率的不断下降，我国贸易环境不断恶化，而美元贬值刺激美国的出口，使美国的制造业逐渐好转，从而人民币出现高估现象。

图 5. 9 是对 1985—2016 年间人民币对美元实际汇率失调程度的描述性统计分析，从图 5. 5 中可以发现，在样本数据观测期，人民币大多数时间处于高估的状态，出现过短暂的低估。人民实际汇率失调程度的均值为-0. 040846%，标准差为 0. 069078，两者数值都较小，说明人民币实际汇率偏离程度不大。并且人民币呈现交替出现高估和短暂的低估，这也表明人民币汇率可能已经进入了均衡区间并开始在均衡区间内浮动。

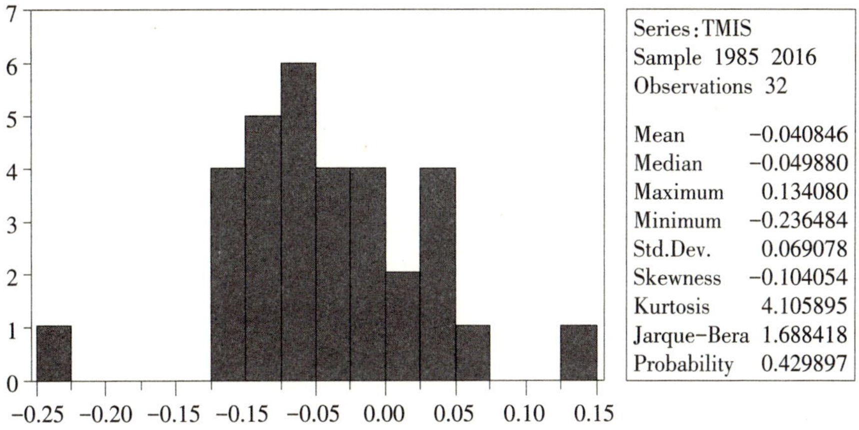

图 5.9　人民币实际汇率失调程度的直方图和描述统计量

第六章　结　论

本书基于新开放经济宏观经济学(NOEM)框架，引入国际经济体系不对称条件，建立了两国跨时期动态均衡汇率模型，拓展了人民币汇率的研究视角。将本书所建立的不对称国际货币体系背景下的人民币均衡汇率模型与传统的均衡汇率理论进行比较，发现基本均衡汇率(FEER)理论、购买力平价(PPP)、行为均衡汇率(BEER)理论在选定影响人民币汇率的影响因素时带有相当的主观色彩，缺乏微观基础[①]，同时，在分析人民币汇率时，有的研究没有考虑到中国的国情，有的仅考虑到中国国情而忽视其他国家的实际情况；均衡实际汇率(ERER)理论和基于NOEM框架下的人民币均衡汇率理论虽具有为微观基础且ERER理论适用发展中国家，但均衡实际汇率(ERER)理论和基于NOEM框架下的人民币均衡汇率理论均在对称性的国际经济体系下分析人民币汇率，并没有具体地考虑到中国与其他国家的具体国情的非对称性。因此，本书引入具有坚实微观基础的NOEM框架，并考虑到中国和主要发达国家的国情差异，建立了国际经济体系不对称背景下的人民币均衡汇率模型，从而更加贴近现实。

本书在建立经济增长模式不对称和定价货币不对称以及市场势力不对

① 参见第一章。

称背景下的人民币均衡汇率模型后,分析了三种不对称对汇率形成机制所起到的作用;同时,为了更深入分析不对称特征对汇率的具体影响,本书利用Eviews7.0软件实证探讨了模型中解释变量(人民币汇率影响因素)与被解释变量(人民币汇率)间的动态关系。结论概括如下:

(1)本书通过对比中美两国供需结构和经常账户顺、逆差情况说明中美两国存在经济增长模式不对称性特征事实,通过对比中美跨境贸易中结算货币的使用、中美两国货币地位说明中美两国存在货币定价不对称性特征事实,同时详细分析了两国厂商定价策略不对称的特征事实,并据此构建国际经济体系不对称背景下的人民币均衡汇率模型。

(2)本书构建了基于不对称国际经济体系下的动态且非线性人民币均衡汇率模型来探讨人民币均衡汇率的形成机制和影响因素。通过设定经常账户余额占总产出的合理比例来体现中美两国经济增长模式的不对称性,通过设定美国贸易品符合一价定律,而中国贸易品不符合一价定律来体现定价货币的不对称性,通过领导者-跟随者博弈模型分析两国厂商不同的定价策略。同时,本文通过居民消费效用最大化条件和经常账户余额占总产出的合理比例分别体现内部均衡和外部均衡,进而求解出具有解析解的人民币均衡汇率模型。

(3)本书通过模型推导发现实际汇率和人民币对美元双边名义汇率、中国贸易品消费额、中国非贸易品消费额、美国非贸易品消费额这几个主要变量相关。在实证研究方法上,主要运用了非平稳时间序列的协整检验分析法、误差修正模型、H-P滤波等实证方法。通过协整检验得到变量对实际汇率的长期影响,发现除了*delta*变量在10%显著性水平下显著,其他变量在1%水平下是显著的。从具体的系数来看,人民币对美元名义汇率的提高会使得实际汇率上升,这与理论相一致;而中国消费本国贸易品量、中国和美国消费非贸易品量之比、*delta*这几个变量的提高会使得实际汇率下降。从具体影响程度大小来看,其中*delta*对实际汇率的影响程度最大,*delta*每提高1%,实际汇率下降5.07%;其次为人民币对美元名义汇率,名义汇率与实际汇率之间的弹性系数是0.94,即名义汇率每提高1%,会使得人民币实际汇率上升0.94%。在误差修正模型中发现,当短期波动偏离长期均衡时,能以

0.62的调整力度向相反方向调整，使汇率回复到均衡状态，且系统自我修正能力就较强。

本书通过H-P滤波法测算人民币在观测期内偏离均衡实际汇率的情况，人民币实际汇率存在高估和短暂的低估。具体来说，人民币实际汇率在1985—2016年间，分别经历了三次较为明显的高估和三次较为短暂的低估。出现人民币高估的年份分别发生在1988—1990年、1995—2004年、2007—2015年；出现人民币低估的年份分别出现在1986—1987年、1991—1994年（1993年除外）、2005—2006年。人民实际汇率失调程度的均值为-0.040846%，标准差为0.069078，两者数值都较小，说明人民币实际汇率偏离程度不大。并且人民币呈现交替出现高估和短暂的低估，这也表明人民币汇率可能已经进入了均衡区间并开始在均衡区间内浮动。

参考文献

陈学彬,李世刚,芦东,2007. 中国出口汇率传递率和盯市能力的实证研究[J]. 经济研究,42(12):106-117.

陈志昂,2008. 东亚货币竞争性均衡与人民币货币锚效应[J]. 经济理论与经济管理(4):5-10.

陈志昂,王义中,2005. 论人民币汇率的双重均衡[J]. 管理世界(5):37-45.

储幼阳,2004. 人民币均衡汇率实证研究[J]. 国际金融研究(5):19-24.

窦祥胜,杨炘,2004. 人民币均衡汇率估计——不同方法的比较[J]. 数量经济技术经济研究(4):34-41.

鄂永健,丁剑平,2007. 差别消费权重、生产率与实际汇率:动态一般均衡模型对巴拉萨-萨缪尔森假说的扩展[J]. 世界经济(3):49-58.

鄂玉玲,2016. 人民币均衡汇率测算——基于PPP、BEER、ERER和FEER的比较研究[D]. 济南:山东大学.

韩国高,陈喻喆,高铁梅,2011. 中、美、日实际均衡汇率模型的构建及实证研究[J]. 数量经济技术经济研究(1):76-88.

胡春田,陈智君,2009. 人民币是否升值过度?——来自基本均衡汇率(1994——2008)的证据[J]. 国际金融研究(11):55-65.

胡松明,宛圆渊,2001. 多国购买力平价模型及其对人民币长期均衡汇率的实证分析[J]. 经济科学(5):61-70.

黄济生,申琳,2007. 人民币均衡实际汇率研究:1980—2005[J]. 华东师范大学学报(哲学社会科学版),39(6):102-109.

季霜密,2014. 不对称定价机制与实际汇率——基于Redux模型的人民币/美元汇率的实证分析[D]. 南京:南京理工大学.

姜波克,2006. 均衡汇率理论和政策的新框架[J]. 中国社会科学(1):15-22.

姜波克,2011. 人民币均衡汇率问题研究[M]. 北京:经济科学出版社.

姜波克,莫涛,2009. 人民币均衡汇率理论和政策新框架的再拓展:基于内部均衡和外部平衡的分析[J]. 复旦学报(社会科学版)(4):12-21.

李稻葵,尹兴中,2010. 国际货币体系新架构:后金融危机时代的研究[J]. 金融研究(2):31-43.

李祺,2006. 人民币均衡汇率单方程模型实证分析[J]. 数量经济技术经济研究(2):24-31,107.

李亚新,余明,2002. 关于人民币实际有效汇率的测算与应用研究[J]. 国际金融研究(10):62-68.

林伯强,2002. 人民币均衡汇率的估计与实际汇率错位的测算[J]. 经济研究(12):60-69.

林峰,2014. 固定汇率制与非对称货币定价——一个NOEM模型及其应用[J]. 经济论坛(11):164-172.

刘纪显,陈建梁,张宗益,2005. 汇率定价模型及人民币对美元汇率研究[J]. 管理科学学报,8(3):28-40.

刘莉亚,任若恩,2002. 用均衡汇率模型估计人民币均衡汇率的研究[J]. 财经研究,28(5):16-22.

栾婷婷,2010. 中美货物贸易商品结构比较分析[D]. 长春:东北师范大学.

吕江林,王磊,2009. 基于修正的ERER模型的人民币均衡汇率实证研究[J]. 当代财经(4):51-58.

宁冬莉,2006. 浮动汇率下的国际厂商定价模型及汇率行为研究[D]. 上海:上海财经大学.

彭刚,廖泽芳,2010. 美元本位制下的全球经济失衡与调整——对当前全球金融危机的思考[J]. 中国人民大学学报,24(5):52-61.
彭国富,蔡扬扬,2010. 基于OR分析框架的人民币汇率评估[J]. 统计研究,27(4):89-95.
冉茂盛,陈健,黄凌云,等,2005. 人民币实际汇率失调程度研究:1994-2004[J]. 数量经济技术经济研究,22(11):45-50.
施建淮,余海丰,2005. 人民币均衡汇率与汇率失调:1991-2004[J]. 经济研究(4):34-45.
孙国峰,孙碧波,2013. 人民币均衡汇率测算:基于DSGE模型的实证研究[J]. 金融研究(8):70-83.
孙茂辉,2006. 人民币自然均衡实际汇率:1978-2004[J]. 经济研究(11):92-101.
孙宁华,洪永淼,2012. 人民币实际汇率决定的动态一般均衡分析[J]. 当代经济研究(6):81-86.
唐国兴,徐剑刚,2003. 现代汇率理论及模型研究[M]. 北京:中国金融出版社.
王胜,2005. 新开放经济宏观经济学理论和研究[M]. 武汉:武汉大学出版社.
王胜,邹恒甫,2006. 新开放经济宏观经济学发展综述[J]. 金融研究(1):178-187.
王维国,黄万阳,2005. 人民币均衡实际汇率研究[J]. 数量经济技术经济研究,22(7):3-14.
王曦,才国伟,2007. 人民币合意升值幅度的一种算法[J]. 经济研究(5):27-41.
王相宁,李敏,缪柏其,2010. 基于BEER模型的人民币均衡汇率——来自状态空间理论的新证据[J]. 系统工程(5):8-12.
王义中,2009. 人民币内外均衡汇率:1982-2010年[J]. 数量经济技术经济研究(5):68-80.
王泽填,姚洋,2008. 人民币均衡汇率估计[J]. 金融研究(12):22-36.
魏巍贤,李丕东,2007. 人民币均衡实际汇率实证研究:1980-2006[J]. 厦门大学学报(哲学社会科学版)(5):51-56.
文先明,曹淘,翟欢欢,2012. 人民币均衡实际汇率测算与失调程度分析[J]. 财经理论与实践(179):18-23.
项后军,潘锡泉,2010. 人民币汇率真的被低估了吗? [J]. 统计研究,27(8):21-32.
肖红叶,王莉,胡海林,2009. 人民币均衡汇率决定机制及其影响因素的作用分析——基于行为均衡汇率估算模型分析技术改进的研究[J]. 统计研究,26(3):3-7.
肖扬,2011. 人民币实际均衡汇率模型的构建[J]. 统计与决策(12):35-38.
谢太峰,甄晗蕾,2015. 基于BEER模型的人民币均衡汇率研究[J]. 金融理论与实践(8):21-24.
徐会珍,2016. 不对称经济增长模式下的人民币均衡汇率——一个基于NOEM框架的理论与实证分析[Z]. 杭州:浙江工商大学.
徐家杰,2010a. 均衡汇率新思维:一个内外均衡条件下的购买力平价及其应用[J]. 数量经济技术经济研究(9):67-81.
徐家杰,2010b. 不完美套利条件下人民币均衡汇率研究[M]. 上海:上海财经大学出版社.
许苹,2003. 中国与东盟出口产品结构比较研究[D]. 长沙:湖南大学.
杨治国,宋小宁,2009. 随机开放经济条件下的均衡汇率[J]. 世界经济(9):56-67.
叶军,2013. 人民币均衡汇率测算与应用研究[D]. 天津:南开大学.
余芝雅,2014. 人民币均衡汇率测算与汇率错位的实证研究[D]. 合肥:安徽财经大学.
张斌,2003. 人民币均衡汇率:简约一般均衡下的单方程模型研究[J]. 世界经济(11):3-12.
张晓朴,1999. 人民币均衡汇率的理论与模型[J]. 经济研究(12):70-77.
张晓朴,2000. 均衡与失调:1978—1999人民币汇率合理性评估[J]. 金融研究(8):13-24.
张瀛,王浣尘,2004. 人民币实际均衡汇率:跨时期均衡模型[J]. 世界经济

(8):18-25.

张志柏,2005. 以相对购买力平价估值人民币汇率[J]. 国际金融研究(6):52-56.

赵西亮,赵景文,2006. 人民币均衡汇率分析:BEER方法[J]. 数量经济技术经济研究(12):33-42,145.

ABUAF N,JORION P,1990. Purchasing power parity in the long run [J]. Journal of finance,45(1):157-174.

AHLERST O,HINKLE L E,1999. Estimating the equilibrium exchange rate: operational approaches[C]//LAWANCE E. HINKLE, PETER J M (eds.). Exchange rate misalignment: concepts and measurement for developing countries. NewYork:TheWorldBank,584-596.

APERGIS N,2003. Testing purchasing power parity: results from a new foreign exchange market[J]. Applied economics letters,10(2):91-95.

BALASSA B, 1964. The purchasing-power parity doctrine: a reappraisal[J]. Journal of political economy,72(6):584-596.

BARISONE G,DRIVER R L,WREN-LEWIS S,2006. Are our FEERs justified? [J]. Journal of international money and finance,25(5):741-759.

BAYOUMI T, CLARK P, SYMANSKY S, et al, 1994. The robustness of equilibrium exchange rate calculations to alternative assumptions and methodologies[C]//WILLIAMSON J(ed.). Estimating equilibrium exchange rates. Washington: Institute for international economics.

BETTS C,DEVEREUX M B,2000. Exchange rate dynamics in a model of pricing-to-market[J]. Journal of international economics,50(1):215-244.

BRISSIMIS S N.,SIDERIS D A,VOUMVAKI F K,2005. Testing long-run purchasing power parity under exchange rate targeting[J]. Journal of international money and finance,24(6):959-981.

CHEUNG Y W,LAI K S,1993. Long run purchasing power parity during the recent float[J]. Journal of international economics,34(1-2): 181-192.

CHOU W L, SHIH Y C, 1998. The equilibrium exchange rate of the Chinese renminbi[J]. Journal of comparative economics,26(1):165-174.

CLARK P B,1994. Exchange rates and economic fundamentals[Z]. IMF working paper.

CLARK P B, MACDONALD R, 1999. Exchange rates and economic fundamentals:a methodological comparison of BEERs and FEERs[C]// MACDONALD R,STEIN J(eds.). Equilibrium exchange rates. Amsterdam: Kluwer,207-230.

CLARK P B,MACDONALD R,2000. Filtering the BEER:a permanent and transitory decomposition[Z]. IMF working paper.

CLOSTERMANN J, SCHNATZ B, 2000. The determinants of the Euro-Dollar exchange rate:synthetic fundamentals and a non-existing currency[Z]. Deutsche Bundesbank,Discussion Paper 2/2000.

CUONG L V, CECILE C, THAI B L., 2006. The determination of the equilibrium exchange rate in a simple general equilibrium model [J]. Review of development economics,10(3):506-517.

DORNBUSCH R,1987. Purchasing power parity[C]//EATWELL J,MILGATE M,NEWMAN P(Eds.). The new palgrave dictionary of economics(3). New York:Stockton Press,1075 - 1085.

DOROODIAN K C JUNG A Y,2002. Estimating the equilibrium real exchange rate:the case of Turkey[J]. Applied economics, 34(14): 1807-1812.

EDISON H J,1987. Purchasing power parity in the long run:a test of the Dollar / Pound exchange rate (1890-1978) [J]. Journal of money,credit and banking,19(3):376-387.

EDWARDS S,1989. Real exchange rate in the developing countries:

concept and measurement[Z].NBER working paper(2950).

EDWARDS S,1994. Real and monetary determinants of real exchange rate behavior: theory and evidence from developing countries [C]// WILLIAMSON J(ed.). Estimating equilibrium exchange rate. Washington:Institute for international economics,61-91.

EGERT B, LAHRECHE-REVIL A, 2003. Estimating the equilibrium exchange rate of the central and eastern European acceding countries: the challenge of Euro adoption[J]. Review of World Economics,139(4):683-708.

ELBADAWI I,1994. Estimating long-run equilibrium real exchange rates [C]//WILLIAMSON J (ed.) , Estimating equilibrium exchange rates. Washington:Institute for international economics,93-131.

ENGEL C, 1993. Real exchange rates and relative prices: an empirical investigation[J]. Journal of monetary economics, 32(1): 35-50.

FARUQEE H,1995. Long-run determinants of the real exchange rate: a stock-flow perspective[Z]. IMF staff papers(42):80-107.

FRANKEL J,2004. On the Yuan:the choice between adjustment under a fixed exchange rate and adjustment under a flexible rate[Z]. Paper presented to IMF seninar on the foreign exchange system.

HUGHES A H, RICHTER C, 2004. Estimating an equilibrium exchange rate for the Dollar and other key currencies[J]. Economic modeling,21(6):1117-1144.

ISARD P, FARUQEE P, 1998. Exchange rate assessment: extensions of macroeconomic balance approach[Z]. IMF occasional paper(167).

JENKINS M A, SNAITH S M, 2005. Tests of purchasing power parity via cointegration analysis of heterogeneous panels with consumer price indices[J]. Journal of macroeconomics, 27(2):345-362.

JUSELIUS K, 1995. Do purchasing power parity and uncovered interest rate parity hold in the long run? An example of likelihood inference in a multivariate time-series model[J]. Journal of econometrics,69(1):211-240.

KIM Y, 1990. Purchasing power parity in the long run: a cointegration approach[J]. Journal of money, credit and banking, 22(4):491-503.

LIU P C, 1993. Purchasing power parity in latin America: a cointegration analysis[J]. Weltwirtschaftliches archiv, 128(4): 662-680.

MACDONALD R, 1995. Long-run exchange rate modeling: a survey of the recent evidence[Z]. IMF staff papers(42):437-489.

MACDONALD R, 1997. What determines real exchange rates? The long and the short of it[J]. Journal of international financial markets, institutions and money, 8(2):117-153.

MACDONALD R, 2000. Concepts to calculate equilibrium exchange rate:an overview[Z]. Deutsche Bundesbank, discussion paper 3/2000.

MACDONALD R, RICCI L A, 2004. Estimation of the equilibrium real exchange rate for South Africa[J]. South African journal of economics, 72(2):282-304.

MCKINNON R I, SCHNABL G, 2003. The East Asian Dollar standard, fear of floating and original sin[J]. Review of development economics, 8(3):331-360.

NURKSE R, 1945. Conditions of international monetary equilibrium [C]//KENEN P B (ed.). The international monetary system: highlights from fifty years of Princeton' s essays in international finance. Princton: Princton University, 1-24.

OBSTFELD M, ROGOFF K, 1995. Exchange rate dynamics redux[J]. Journal of political economics, 103(3):624-660.

OBSTFELD M, ROGOFF K, 1996. Foundations of international macroeconomics[M]. Cambridge:MIT Press.

OBSTFELD M, ROGOFF K, 1998. Risk and exchange rates[Z]. NBER working paper, No. 6694.

OBSTFELD M, ROGOFF K, 2000. Perspectives on OECD economics integration: implications for US current account adjustment[R]. Paper presented at the Jackson Hole Conference, Federal Reserve Bank of Kansas.

PAYA I, PEEL D A, 2004. Nonlinear purchasing power parity under the Gold Standard[J]. Southern economic journal, 71(2):302-313.

PAYA I, VENETIS I A, PEEL D A, 2003. Further evidence on PPP adjustment speeds: the case of effective real exchange rates and the EMS[J]. Oxford bulletin of the economics and statistics, 65(4):421-437.

PEDRONI P, 2002. Panel cointegration: asymptotic and finite sample properties of pooled time series tests, with an application to the PPP hypothesis[Z]. Williams College working paper.

PIPPENGER M K, 1992. Cointegration tests of purchasing power parity: the case of Swiss exchange rates[J]. Journal of international money and finance, 12(1):46-61.

ROGOFF K, 1996. The purchasing power parity puzzle[J]. Journal of economic literature, 34(2):647-668.

RUBASZEK M, 2004. A model of balance of payments equilibrium exchange rate[J]. Eastern European economics, 42(3):5-22.

SHINTANI M, 2006. A nonparametric measure of convergence towards purchasing power parity[J]. Journal of applied economics, 21(5):589-604.

STEIN J, 1994. The natural real exchange rate of the US Dollar and determinants of capital flows[C]//WILLIAMSON J (ed.). Estimating equilibrium exchange rate. Washington: Institute of International Economics.

STEIN J, 1999. The evolution of the real value of the US Dollar relative to the G7 currencies[J]//MACDONALD R, STEIN J (eds.), Equilibrium exchange rate. Amsterdam:Kluwer, 312-320.

STEIN J, 2002. The equilibrium real exchange rate of the Euro: an evaluation of research[Z]. European Central Bank, working paper.

STEIN J, ALLEN P R, et al, 1995. Fundamental determinants of exchange rates[M]. Oxford:Oxford University Press.

STEIN J, LIM G, 2002. Introduction to exchange rates in Europe and Australasia: fundamental determinants, adjustments and policy implications[J]. Australian economic papers, 41(4):329-341.

STEIN J, SAURENHEIMER K, 1995. The real exchange rate of Germany [J]. Journal of international and comparative economics(4).

SWAN T W., 1955. Long-run problems of the balance of payments[R]. Melbourne: Paper presented to section G of the congress of the Australian and New Zealand association for the advancement of science, 384-395.

TAYLOR A M, 2001. Potential pitfalls for the purchasing power parity puzzle? Sampling and specification biases in mean-reversion tests of the law of one price[J]. Econometrica, 69(2): 473-498.

TAYLOR A M., 2000. A century of purchasing power parity[J]. Review of economics and statistics, 84(1):139-150.

WALLACE F H, SHELLEY G L, 2006. An alternative test of purchasing power parity[J]. Economics letters, 92(2):177-183.

WANG Y, HUI X, SOOFI A S, 2007. Estimating renminbi (RMB) equilibrium exchange rate[J]. Journal of policy modeling, 29(3):

417-429.

WILLIAMSON J, 1983. The Exchange rate system[M]. Washington: Institute for International Economics,11-13.

WILLIAMSON J, 1994. Estimates of FEERs[M]//WILLIAMSON J (ed.), Estimating equilibrium exchange rates. Washington: Institute for International Economics,177-243.

WILLIAMSON J,MILLER M H,1987. Targets and indicators:a blueprint for the international coordination of economic policy[M]. Washington:Institute for international economics.

WRENLEWIS S,DRIVER R,1998. Real exchange rates for the year 2000 [Z]. Washington:Institute for international economics.

ZEMAN J,2004. Equilibrium real exchangerate for the Slovak koruna [J]. Ekonomicky casopis,52(9):1035-1050.

附 录

附录1:

第四章不对称经济增长模式下人民币均衡汇率模型推导如下:

考虑内外部均衡同时实现时,居民效用最大化的问题,联立式(4-1)、式(4-2)、式(4-3),构造拉格朗日函数:

$$\begin{aligned} Z = {} & \alpha_t\phi\ln C_{H,t} + (1-\alpha_t)\phi\ln NX_{F,t} + x\ln M_t - x\ln P_t - \varphi\ln Y_t + \varphi\ln A_t + \\ & \beta_t\alpha_{t+1}\phi\ln C_{H,t+1} + \beta_t(1-\alpha_{t+1})\phi\ln NX_{F,t+1} + \beta_t x\ln M_{t+1} - \beta_t x\ln P_{t+1} - \\ & \beta_t\varphi\ln Y_{t+1} + \beta_t\varphi\ln A_{t+1} + \varepsilon[(1+r_{t-1})F_{t-1} + M_{t-1} + W_t\frac{Y_t}{A_t} - P_{H,t}C_{H,t} - \\ & P^*_{F,t}NX_{F,t} - F_t - T_t + \beta_t(1+r_t)F_t + \beta_t M_t + \beta_t W_{t+1}\frac{Y_{t+1}}{A_{t+1}} - \\ & \beta_t P_{H,t+1}C_{H,t+1} - \beta_t P^*_{F,t+1}NX_{F,t+1} - \beta_t F_{t+1} - \beta_t T_{t+1} - M_t - \beta_t M_{t+1}] + \\ & \mu(\lambda Y_t + F_t - F_{t+1}) \end{aligned}$$

分别关于$C_{H,t}$,$NX_{F,t}$,M_t,Y_t,F_t求一阶导,得:

$$\frac{\partial Z}{\partial NX_{F,t}} = \frac{(1-\alpha_t)\phi}{NX_{F,t}} - \varepsilon P^*_{F,t} = 0 \qquad (附1\text{-}1)$$

$$\frac{\partial Z}{\partial M_t}=\frac{\chi}{M_t}+\varepsilon(\beta_t-1)=0 \tag{附1-2}$$

$$\frac{\partial Z}{\partial Y_t}=-\frac{\varphi}{Y_t}+\varepsilon\frac{W_t}{A_t}+\mu\lambda=0 \tag{附1-3}$$

$$\frac{\partial Z}{\partial F_t}=\varepsilon\left[\beta_t(1+r_t)-1\right]+\mu=0 \tag{附1-4}$$

式(附1-1)至式(附1-4)即为居民效用最大化的一阶条件,由这些效用最大化一阶条件可得:

$$P_{H,t}=\frac{\alpha_t\phi Y_t\left\{\frac{W_t}{A_t}+\lambda\left[1-\beta_t(1+r_t)\right]\right\}}{\varphi C_{H,t}} \tag{附1-5}$$

$$P^*_{F,t}=\frac{(1-\alpha_t)\phi Y_t\left\{\frac{W_t}{A_t}+\lambda\left[1-\beta_t(1+r_t)\right]\right\}}{\varphi NX_{F,t}} \tag{附1-6}$$

则本国复合价格为

$$\begin{aligned}P&=P_H^{\gamma}P^{*\,1-\gamma}_{F}\\&=\frac{\alpha^{\gamma}(1-\alpha)^{1-\gamma}\phi Y\left\{\frac{W}{A}+\lambda\left[1-\beta(1+r)\right]\right\}}{\varphi C_H^{\gamma}NX_F^{1-\gamma}}\end{aligned} \tag{附1-7}$$

同理,由美国居民效用最大化的一阶条件可得:

$$P_{F,t}=\frac{\alpha_t^*\phi Y_t^*\left\{\frac{W_t^*}{A_t^*}+\lambda^*\left[1-\beta_t^*(1+r_t^*)\right]\right\}}{\varphi C^*_{F,t}} \tag{附1-8}$$

$$P^*_{H,t}=\frac{(1-\alpha_t^*)\phi Y_t^*\left\{\frac{W_t^*}{A_t^*}+\lambda^*\left[1-\beta_t^*(1+r_t^*)\right]\right\}}{\varphi NX_{H,t}} \tag{附1-9}$$

则美国复合价格为

$$\begin{aligned}P^*&=P_F^{\gamma^*}P^{*\,1-\gamma^*}_{H}\\&=\frac{\alpha^{*\gamma^*}(1-\alpha^*)^{1-\gamma^*}\phi Y^*\left\{\frac{W^*}{A^*}+\lambda^*\left[1-\beta^*(1+r^*)\right]\right\}}{\varphi C_F^{\gamma^*}NX_H^{1-\gamma^*}}\end{aligned} \tag{附1-10}$$

又因购买力平价成立,则有$S=\frac{P}{P^*}$,将式(2-10)、式(2-11)代入到$S=\frac{P}{P^*}$中,得:

$$S=\frac{\alpha^{\gamma}(1-\alpha)^{1-\gamma}\left\{\frac{W}{A}+\lambda\left[1-\beta(1+r)\right]\right\}YC_{F}^{\gamma^{*}}NX_{H}^{1-\gamma^{*}}}{\alpha^{*\gamma^{*}}(1-\alpha^{*})^{1-\gamma^{*}}\left\{\frac{W^{*}}{A^{*}}+\lambda^{*}\left[1-\beta^{*}(1+r^{*})\right]\right\}Y^{*}C_{H}^{\gamma}NX_{F}^{1-\gamma}} \tag{附1-11}$$

附录2：

第四章美元定价背景下人民币均衡汇率模型推导如下：

接下来，考虑内外部均衡同时实现时，中国居民和美国居民效用最大化的问题，据此联立式(4-11)、式(4-13)、式(4-15)，联立式(4-12)、式(4-14)、式(4-16)，构造拉格朗日函数，则中国居民的拉格朗日函数为

$$\begin{aligned} Z = {} & \phi\alpha_t\gamma_t\ln C_{H,t} + \phi(1-\alpha_t)\gamma_t\ln C_{F,t} + \phi(1-\gamma_t)\ln C_{N,t} + x\ln M_t - x\ln P_t - \\ & \varphi\ln Y_t + \varphi\ln A_t + \beta_t\phi\alpha_{t+1}\gamma_{t+1}\ln C_{H,t+1} + \beta_t\phi(1-\alpha_{t+1})\gamma_{t+1}\ln C_{F,t+1} + \\ & \beta_t\phi(1-\gamma_{t+1})\ln C_{N,t+1} + \beta_t x\ln M_{t+1} - \beta_t x\ln P_{t+1} - \beta_t\varphi\ln Y_{t+1} + \\ & \beta_t\varphi\ln A_{t+1} + \varepsilon[(1+r_{t-1})F_{t-1} + M_{t-1} + W_t\frac{Y_t}{A_t} - P_{H,t}C_{H,t} - P_{N,t}C_{N,t} - \\ & P_{F,t}C_{F,t} - F_t - T_t + \beta_t(1+r_t)F_t + \beta_t M_t + \beta_t W_{t+1}\frac{Y_{t+1}}{A_{t+1}} - \beta_t P_{H,t+1}C_{H,t+1} - \\ & \beta_t P_{N,t+1}C_{N,t+1} - \beta_t P_{F,t+1}C_{F,t+1} - \beta_t F_{t+1} - \beta_t T_{t+1} - M_t - \beta_t M_{t+1}] + \\ & \mu(\lambda Y_t + F_t - F_{t+1}) \end{aligned} \quad (附2\text{-}1)$$

美国居民的拉格朗日函数为

$$\begin{aligned} Z^* = {} & \phi\alpha_t\gamma_t\ln C^*_{H,t} + \phi(1-\alpha_t)\gamma_t\ln C^*_{F,t} + \phi(1-\gamma_t)\ln C^*_{N,t} + \chi\ln M^*_t - \chi\ln P^*_t - \\ & \varphi\ln Y^*_t + \varphi\ln A^*_t + \beta^*_t\phi\alpha_{t+1}\gamma^*_{t+1}\ln C^*_{H,t+1} + \beta^*_t\phi(1-\alpha_{t+1})\gamma_{t+1}\ln C^*_{F,t+1} + \\ & \beta^*_t\phi(1-\gamma_{t+1})\ln C^*_{N,t+1} + \beta^*_t\chi\ln M^*_{t+1} - \beta^*_t\chi\ln P^*_{t+1} - \beta^*_t\varphi\ln Y^*_{t+1} + \\ & \beta^*_t\varphi\ln A^*_{t+1} + \varepsilon^*[(1+r^*_{t-1})F^*_{t-1} + M^*_{t-1} + W^*_t\frac{Y^*_t}{A^*_t} - P^*_{H,t}C^*_{H,t} - P^*_{N,t}C^*_{N,t} - \\ & \frac{P_{F,t}}{S}C^*_{F,t} - F^*_t - T^*_t + \beta^*_t(1+r^*_t)F^*_t + \beta^*_t M^*_t + \beta^*_t W^*_{t+1}\frac{Y^*_{t+1}}{A^*_{t+1}} - \beta^*_t P^*_{H,t+1}C^*_{H,t+1} \\ & -\beta^*_t P^*_{N,t+1}C^*_{N,t+1} - \beta^*_t\frac{P_{F,t+1}}{S}C^*_{F,t+1} - \beta^*_t F^*_{t+1} - \beta^*_t T^*_{t+1} - M^*_t - \beta^*_t M^*_{t+1}] + \mu^*(\lambda^* Y^* + \\ & F^*_t - F^*_{t+1}) \end{aligned} \quad (附2\text{-}2)$$

对式(附2-1)、(附2-2)分别关于 $C_{H,t}$, $C_{F,t}$, $C_{N,t}$, Y_t, M_t, F_t, $C^*_{H,t}$, $C^*_{F,t}$, $C^*_{N,t}$,

M_t^*, Y_t^*, F_t^*求一阶导,得:

$$\frac{\partial Z}{\partial C_{F,t}} = \frac{\phi(1-\alpha_t)\gamma_t}{C_{F,t}} - \varepsilon P_{F,t} = 0 \quad (附2\text{-}3)$$

$$\frac{\partial Z}{\partial C_{N,t}} = \frac{\phi(1-\gamma_t)}{C_{N,t}} - \varepsilon P_{N,t} = 0 \quad (附2\text{-}4)$$

$$\frac{\partial Z}{\partial M_t} = \frac{\chi}{M_t} + \varepsilon(\beta_t - 1) = 0 \quad (附2\text{-}5)$$

$$\frac{\partial Z}{\partial Y_t} = -\frac{\varphi}{Y_t} + \varepsilon\frac{W_t}{A_t} + \mu\lambda = 0 \quad (附2\text{-}6)$$

$$\frac{\partial Z}{\partial F_t} = \varepsilon[\beta_t(1+r_t) - 1] + \mu = 0 \quad (附2\text{-}7)$$

$$\frac{\partial Z^*}{\partial C_{H,t}^*} = \frac{\phi\alpha_t\gamma_t}{C_{H,t}^*} - \varepsilon^* P_{H,t}^* = 0 \quad (附2\text{-}8)$$

$$\frac{\partial Z^*}{\partial C_{F,t}^*} = \frac{\phi(1-\alpha_t)\gamma_t}{C_{F,t}^*} - \varepsilon^*\frac{P_{F,t}}{S} = 0 \quad (附2\text{-}9)$$

$$\frac{\partial Z^*}{\partial C_{N,t}^*} = \frac{\phi(1-\gamma_t)}{C_{N,t}^*} - \varepsilon^* P_{N,t}^* = 0 \quad (附2\text{-}10)$$

$$\frac{\partial Z^*}{\partial M_t^*} = \frac{\chi}{M_t^*} + \varepsilon^*(\beta_t^* - 1) = 0 \quad (附2\text{-}11)$$

$$\frac{\partial Z^*}{\partial Y_t^*} = -\frac{\varphi}{Y_t^*} + \varepsilon^*\frac{W_t^*}{A_t^*} + \mu^*\lambda^* = 0 \quad (附2\text{-}12)$$

$$\frac{\partial Z^*}{\partial F_t^*} = \varepsilon^*[\beta_t^*(1+r_t^*) - 1] + \mu^* = 0 \quad (附2\text{-}13)$$

式(附2-3)至式(附2-13)为中国居民和美国居民效用最大化的一阶条件,由这些效用最大化一阶条件可得:

$$P_{H,t} = \frac{\phi\alpha_t\gamma_t Y_t\left\{W_t + \lambda A_t\left[1-\beta_t(1+r_t)\right]\right\}}{\varphi A_t C_{H,t}} \quad (附2\text{-}14)$$

$$P_{N,t} = \frac{\phi(1-\gamma_t)Y_t\left\{W_t + \lambda A_t\left[1-\beta_t(1+r_t)\right]\right\}}{\varphi A_t C_{N,t}} \quad (附2\text{-}15)$$

$$P_{H,t}^* = \frac{\phi\alpha_t\gamma_t Y_t^*\left\{W_t^* + \lambda^* A_t^*\left[1-\beta_t^*(1+r_t^*)\right]\right\}}{\varphi A_t^* C_{H,t}^*} \quad (附2\text{-}16)$$

$$P_{F,t} = \frac{S\phi(1-\alpha_t)\gamma_t Y_t^* \left\{ W_t^* + \lambda^* A_t^* \left[1 - \beta_t^* (1 + r_t^*) \right] \right\}}{\varphi A_t^* C_{F,t}^*} \quad (附2\text{-}17)$$

$$P_{N,t}^* = \frac{\phi(1-\gamma_t) Y_t^* \left\{ W_t^* + \lambda^* A_t^* \left[1 - \beta_t^* (1 + r_t^*) \right] \right\}}{\varphi A_t^* C_{N,t}^*} \quad (附2\text{-}18)$$

则中国复合价格为

$$P = \left(P_H^{\alpha} P_F^{1-\alpha} \right)^{\gamma} P_N^{1-\gamma}$$

$$= \frac{\phi \left\{ W + \lambda A \left[1 - \beta(1+r) \right] \right\}^{1-\gamma+\alpha\gamma} \left\{ W^* + \lambda^* A^* \left[1 - \beta^* (1+r^*) \right] \right\}^{\gamma-\alpha\gamma} (\alpha\gamma)^{\alpha\gamma} \left[(1-\alpha)\gamma Y^* S \right]^{(1-\alpha)\gamma} (1-\gamma)^{1-\gamma} Y^{\alpha\gamma+1-\gamma}}{\varphi C_H^{\alpha\gamma} C^{*(1-\alpha)\gamma}_F C_N^{1-\gamma} A^{*(1-\alpha)\gamma} A^{\alpha\gamma+1-\gamma}}$$

(附2-19)

美国复合价格为

$$P^* = \left(P^{*\alpha}_H P^{*1-\alpha}_F \right)^{\gamma} P^{*1-\gamma}_N$$

$$= \frac{\phi \left\{ W^* + \lambda^* A^* \left[1 - \beta^* (1+r^*) \right] \right\} \gamma^{\gamma} \alpha^{\alpha\gamma} (1-\alpha)^{(1-\alpha)\gamma} (1-\gamma)^{(1-\gamma)} Y^*}{\varphi C^{*\alpha\gamma}_H C^{*(1-\alpha)\gamma}_F C^{*1-\gamma}_N A^*}$$

(附2-20)

将式(4-2-28)、式(4-2-29)代入到双边外部实际汇率$q = S\dfrac{P^*}{P}$中,得:

$$q = \frac{\left\{ W^* + \lambda^* A^* \left[1 - \beta^* (1+r^*) \right] \right\}^{1-\gamma+\alpha\gamma} S^{1-\gamma+\alpha\gamma} L^{*\alpha\gamma+1-\gamma} C_H^{\alpha\gamma} C_N^{1-\gamma}}{\left\{ W + \lambda A \left[1 - \beta(1+r) \right] \right\}^{1-\gamma+\alpha\gamma} L^{\alpha\gamma+1-\gamma} C_H^{*\alpha\gamma} C^{*1-\gamma}_N} \quad (附2\text{-}21)$$

式(附2-21)为货币定价不对称下的人民币均衡汇率模型,各变量含义见上文。

附录3：

第四章引入不对称市场势力时均衡汇率推导过程如下：

构造中国的拉格朗日函数如下：

$$
\begin{aligned}
Z = {} & \phi\alpha_t\gamma_t \ln C_{H,t} + \phi(1-\alpha_t)\gamma_t \ln C_{F,t} + \phi(1-\gamma_t)\ln C_{N,t} + \chi\ln M_t - \chi\ln P_t - \\
& \varphi\ln Y_t + \varphi\ln A_t + \beta_t\phi\alpha_{t+1}\gamma_{t+1}\ln C_{H,t+1} + \beta_t\phi(1-\alpha_{t+1})\gamma_{t+1}\ln C_{F,t+1} + \\
& \beta_t\phi(1-\gamma_{t+1})\ln C_{N,t+1} + \beta_t\chi\ln M_{t+1} - \beta_t\chi\ln P_{t+1} - \beta_t\varphi\ln Y_{t+1} + \\
& \beta_t\varphi\ln A_{t+1} + \varepsilon\Big[(1+r_{t-1})F_{t-1} + M_{t-1} + W_t\frac{Y_t}{A_t} - P_{H,t}C_{H,t} - P_{N,t}C_{N,t} - \\
& \frac{\theta}{\theta-1}\frac{W_t{}^*}{A_t{}^*}C_{F,t} - F_t - T_t + \beta_t(1+r_t)F_t + \beta_t M_t + \beta_t W_{t+1}\frac{Y_{t+1}}{A_{t+1}} - \\
& \beta_t P_{H,t+1}C_{H,t+1} - \beta_t P_{N,t+1}C_{N,t+1} - \beta_t\frac{\theta}{\theta-1}\frac{W_{t+1}{}^*}{A_{t+1}{}^*}C_{F,t+1} - \beta_t F_{t+1} - \\
& \beta_t T_{t+1} - M_t - \beta_t M_{t+1}\Big] + \mu(\lambda Y_t + F_t - F_{t+1}) \qquad \text{(附3-1)}
\end{aligned}
$$

美国的拉格朗日函数为

$$
\begin{aligned}
Z^* = {} & \phi\alpha_t\gamma_t \ln C^*_{H,t} + \phi(1-\alpha_t)\gamma_t \ln C^*_{F,t} + \phi(1-\gamma_t)\ln C^*_{N,t} + \chi\ln M^*_t - \chi\ln P^*_t - \\
& \varphi\ln Y^*_t + \varphi\ln A^*_t + \beta^*_t\phi\alpha_{t+1}\gamma_{t+1}\ln C^*_{H,t+1} + \beta^*_t\phi(1-\alpha_{t+1})\gamma_{t+1}\ln C^*_{F,t+1} + \\
& \beta^*_t\phi(1-\gamma_{t+1})\ln C^*_{N,t+1} + \beta^*_t\chi\ln M^*_{t+1} - \beta^*_t\chi\ln P^*_{t+1} - \beta^*_t\varphi\ln Y^*_{t+1} + \\
& \beta^*_t\varphi\ln A^*_{t+1} + \varepsilon^*\Big[(1+r^*_{t-1})F^*_{t-1} + M^*_{t-1} + W^*_t\frac{Y^*_t}{A^*_t} - \left(\frac{\theta}{\theta-1}\frac{W_t}{A_t} - H\right)C^*_{H,t} - \\
& P^*_{N,t}C^*_{N,t} - \frac{\theta}{\theta-1}\frac{W_t{}^*}{SA_t{}^*}C^*_{F,t} - F^*_t - T^*_t + \beta^*_t(1+r^*_t)F^*_t + \beta^*_t M^*_t + \\
& \beta^*_t W^*_{t+1}\frac{Y^*_{t+1}}{A^*_{t+1}} - \beta^*_t\left(\frac{\theta}{\theta-1}\frac{W_{t+1}}{A_{t+1}} - H\right)C^*_{H,t+1} - \beta^*_t P^*_{N,t+1}C^*_{N,t+1} - \\
& \beta^*_t\frac{\theta}{\theta-1}\frac{W_{t+1}{}^*}{SA_{t+1}{}^*}C^*_{F,t+1} - \beta^*_t F^*_{t+1} - \beta^*_t T^*_{t+1} - M^*_t - \beta^*_t M^*_{t+1}\Big] + \mu^*(\lambda^* Y_t{}^* + \\
& F^*_t - F^*_{t+1}) \qquad \text{(附3-2)}
\end{aligned}
$$

对上述拉格朗日函数分别关于 $C_{H,t}, C_{F,t}, C_{N,t}, Y_t, M_t, F_t, C^*_{H,t}, C^*_{F,t}, C^*_{N,t}, M^*_t$，

Y_t^*,F_t^*求一阶导,得:

$$\frac{\partial Z}{\partial C_{F,t}}=\frac{\phi(1-\alpha_t)\gamma_t}{C_{F,t}}-\frac{\varepsilon\theta}{\theta-1}\frac{W_t^*}{A_t^*}=0 \quad (附3-3)$$

$$\frac{\partial Z}{\partial C_{N,t}}=\frac{\phi(1-\gamma_t)}{C_{N,t}}-\varepsilon P_{N,t}=0 \quad (附3-4)$$

$$\frac{\partial Z}{\partial M_t}=\frac{\chi}{M_t}+\varepsilon(\beta_t-1)=0 \quad (附3-5)$$

$$\frac{\partial Z}{\partial Y_t}=-\frac{\varphi}{Y_t}+\varepsilon\frac{W_t}{A_t}+\mu\lambda=0 \quad (附3-6)$$

$$\frac{\partial Z}{\partial F_t}=\varepsilon[\beta_t(1+r_t)-1]+\mu=0 \quad (附3-7)$$

$$\frac{\partial Z^*}{\partial C_{H,t}^*}=\frac{\phi\alpha_t\gamma_t}{C_{H,t}^*}-\varepsilon^*\left(\frac{\theta}{\theta-1}\frac{W_t}{A_t}-H\right)=0 \quad (附3-8)$$

$$\frac{\partial Z^*}{\partial C_{F,t}^*}=\frac{\phi(1-\alpha_t)\gamma_t}{C_{F,t}^*}-\frac{\varepsilon^*\theta}{\theta-1}\frac{W_t^*}{SA_t^*}=0 \quad (附3-9)$$

$$\frac{\partial Z^*}{\partial C_{N,t}^*}=\frac{\phi(1-\gamma_t)}{C_{N,t}^*}-\varepsilon^* P_{N,t}^*=0 \quad (附3-10)$$

$$\frac{\partial Z^*}{\partial M_t^*}=\frac{\chi}{M_t^*}+\varepsilon^*(\beta_t^*-1)=0 \quad (附3-11)$$

$$\frac{\partial Z^*}{\partial Y_t^*}=-\frac{\varphi}{Y_t^*}+\varepsilon^*\frac{W_t^*}{A_t^*}+\mu^*\lambda^*=0 \quad (附3-12)$$

$$\frac{\partial Z^*}{\partial F_t^*}=\varepsilon^*[\beta_t^*(1+r_t^*)-1]+\mu^*=0 \quad (附3-13)$$

由上述可得:

$$P_{N,t}=\frac{\phi(1-\gamma_t)Y_t\left\{W_t+\lambda A_t\left[1-\beta_t(1+r_t)\right]\right\}}{\varphi A_t C_{N,t}} \quad (附3-14)$$

$$P_{H,t}=\frac{\phi\alpha_t\gamma_t Y_t\left\{W_t+\lambda A_t\left[1-\beta_t(1+r_t)\right]\right\}}{\varphi A_t C_{H,t}} \quad (附3-15)$$

$$P_{N,t}^*=\frac{\phi(1-\gamma_t)Y_t^*\left\{W_t^*+\lambda^* A_t^*\left[1-\beta_t^*(1+r_t^*)\right]\right\}}{\varphi A_t^* C_{N,t}^*} \quad (附3-16)$$

附录 4:

对第五章不对称经济增长模式与美元定价背景下人民币均衡汇率模型对数化,则:

$$\log q = (1-\gamma+\alpha\gamma)\log\{w^* + \lambda^* A^*[1-\beta^*(1+r^*)]\} - (1-\gamma+\alpha\gamma)\log\{w + \lambda A[1-\beta(1+r)]\} + (1-\gamma+\alpha\gamma)\log S + (1-\gamma+\alpha\gamma)\log(L^*/L) + \alpha\gamma\log(C_H/C_H^*) + (1-\gamma)\log(C_N/C_N^*)$$

$$= (1-\gamma+\alpha\gamma)\log(w^*/w) + \frac{\lambda^* A^*}{w^*}[1-\beta^*(1+r^*)] - \frac{\lambda A}{w}[1-\beta(1+r)] + (1-\gamma+\alpha\gamma)\log S + (1-\gamma+\alpha\gamma),$$

$$\log(L^*/L) + \alpha\gamma\log(C_H/C_H^*) + (1-\gamma)\log(C_N/C_N^*)$$

$$\approx (1-\gamma+\alpha\gamma)\log(w^*/w) + \frac{\lambda^* A^*}{w^*}(1-r^*) - \frac{\lambda A}{w}(1-r) + (1-\gamma+\alpha\gamma)\log S + (1-\gamma+\alpha\gamma)\log(L^*/L) + \alpha\gamma\log(C_H/C_H^*) + (1-\gamma)\log(C_N/C_N^*)。$$

其中,

$$\ln\{W + \lambda A[1-\beta(1+r)]\} = \ln W\{1 + \frac{\lambda A[1-\beta(1+r)]}{W}\}$$

$$= \ln W + \ln\{1 + \frac{\lambda A[1-\beta(1+r)]}{W}\}$$

$$\approx \ln W + \frac{\lambda A(1-\beta-\beta r)}{W}$$

$$\approx \ln W + \frac{\lambda A(1-\beta)}{W}$$

$$\approx \ln W + \frac{\lambda A(1-r)}{W}$$

同理,$\ln\{W^* + \lambda^* A^*[1-\beta^*(1+r^*)]\} \approx \ln W^* + \frac{\lambda^* A^*(1-r^*)}{W^*}$

则本文比例对数化后的人民币均衡汇率模型为

$$\log q = \beta_0 + \beta_1\log s + \beta_2\log pw + \beta_3\log pch + \beta_4\log pcn + \beta_5 delta + \beta_6 udelta + \beta_7\log pl,$$

其中，$pw = w^* / w$，$pch = C_H / C_H^*$，$pcn = C_N / C_N^*$，$delta = \lambda A(1 - r) / w$，$udelta = \lambda^* A^* (1 - r^*) / w^*$，$pl = L^* / L$。

附录5：

第五章实证检验前对第四章的均衡实际汇率测算模型的对数化处理过程如下：

$$\ln q=(1-\gamma)\ln(A^*L^*)+(1-\gamma)\ln\{W^*+\lambda^*A^*[1-\beta^*(1+r^*)]\}+\alpha\gamma\ln\left(\frac{\theta}{\theta-1}\frac{W}{A}-H\right)+\alpha\gamma\ln\varphi+\alpha\gamma\ln C_H+\alpha\gamma\ln C_N+(1+\alpha\gamma-\gamma)\ln S-(1-\gamma)\ln C_N^*-\alpha\gamma\ln(\phi\alpha\gamma)-(1+\alpha\gamma-\gamma)\ln L-(1+\alpha\gamma-\gamma)\ln\{W+\lambda A[1-\beta(1+r)]\}$$

$$\approx(1-\gamma)\ln A^*+(1-\gamma)\ln\frac{L^*}{L}+(1-\gamma)\ln\frac{W^*}{W}+(1-\gamma)\frac{\lambda^*A^*(1-r^*)}{W^*}+\alpha\gamma\ln\left(\frac{\theta}{\theta-1}\frac{W}{A}-H\right)+\alpha\gamma\ln C_H+\alpha\gamma\ln C_N-(1-\gamma)\ln C_N^*+(1+\alpha\gamma-\gamma)\ln S+\alpha\gamma\ln\frac{\varphi}{\phi\alpha\gamma}-(1+\alpha\gamma-\gamma)\frac{\lambda A(1-r)}{W} \quad \text{(附5-1)}$$

其中，

$$\log\{W+\lambda A[1-\beta(1+r)]\}=\log W\left\{1+\frac{\lambda A[1-\beta(1+r)]}{W}\right\}=\log W+\log\left\{1+\frac{\lambda A[1-\beta(1+r)]}{W}\right\}$$
$$\approx\log W+\frac{\lambda A(1-\beta-\beta r)}{W}\approx\log W+\frac{\lambda A(1-\beta)}{W}$$
$$\approx\log W+\frac{\lambda A(1-r)}{W} \quad \text{(附5-2)}$$

$$log\left\{W^*+\lambda^*A^*\left[1-\beta^*(1+r^*)\right]\right\}\approx\log W^*+\frac{\lambda^*A^*(1-r^*)}{W^*} \quad \text{(附5-3)}$$

同理，

$$\ln\left(\frac{\theta}{\theta-1}\frac{W}{A}-H\right)\approx\ln\left(\frac{\theta}{\theta-1}\frac{W}{A}\right)=\ln\left(\frac{\theta}{\theta-1}\right)+\ln\left(\frac{W}{A}\right) \quad \text{(附5-4)}$$

则本文比例对数化后的人民币均衡汇率模型为

$$lq = \beta_0 + \beta_1 ls + \beta_2 lpw + \beta_3 lch + \beta_4 lpcn + +\beta_5 lpl + \beta_6 delta + \beta_7 udelta + \beta_8 la^* + \beta_9 lwa$$

$$= \beta_0 + \beta_1 ls + \beta_2 lch + \beta_3 lpcn + \beta_4 delta + \beta_5 udelta + \beta_6 lmix \quad (附5-5)$$

其中，

$pcn = C_N/C_N^*, delta = \lambda A(1-r)/W, udelta = \lambda^* A^*(1-r^*)/W^*, mix = W^*Y^*/Y$。